常春藤传记馆

温儒敏／主编

U0889843

最是英雄情长在

辛弃疾传

李卓林 著

長春出版社
国家一级出版社
全国百佳图书出版单位

图书在版编目(CIP)数据

最是英雄情长在：辛弃疾传 / 李卓林著. —长春：长春出版社，2021.9

(常春藤传记馆 / 温儒敏主编)

ISBN 978-7-5445-6445-8

Ⅰ. ①最… Ⅱ. ①李… Ⅲ. ①辛弃疾(1140–1207)–传记 Ⅳ. ①K825.6

中国版本图书馆 CIP 数据核字(2021)第 174167 号

最是英雄情长在：辛弃疾传

著　　者：李卓林
责任编辑：黄立芹
封面设计：长春出版社美术设计制作中心

出版发行：長春出版社　　　总编室电话：0431-88563443
编辑室电话：0431-88525948　　　发行部电话：0431-88561180
地　　址：吉林省长春市长春大街 309 号
邮　　编：130041
网　　址：www.cccbs.net
制　　版：荣辉图文
印　　刷：延边星月印刷有限公司
经　　销：新华书店

开　　本：787 毫米×1092 毫米　1/16
字　　数：120 千字
印　　张：8.75
版　　次：2021 年 9 月第 1 版
印　　次：2021 年 9 月第 1 次印刷
定　　价：25.80 元

总　序

温儒敏

十多年前，我主持人民教育出版社高中语文教材的编写，其中选修课就专门设置有《中外传记选读》一种，我自己还动手编写了这本教材。因为受高考“指挥棒”影响，一般学校的选修课未必真能让学生自主选修，很多选修教材编出来都没有使用，但《中外传记选读》一直很受欢迎，每年都有重印。这让我对传记的阅读推广有了特别的关注。

我还注意到最近三四年高考语文试题命制的一种趋向，无论全国卷还是其他省市卷，阅读题往往都选传记作为材料。比如今年（2016 年）全国卷的甲、乙、丙三个卷子，文言文阅读的材料全是传记，包括《明史·陈登云传》（甲卷）、《宋史·曾公亮传》（乙卷）和《明史·傅珪传》（丙卷）；现代文阅读的实用类文本也多用传记，节选了《吴文俊传》和《陈忠实传》。可见传记阅读越来越受到重视，考试也有意往这方面引导。

中小学语文教材也应当多选一些传记。现在教育部正组织编写一套新的义务教育语文教科书，聘我担任总主编，这套新教材就选了不少名人传记，并鼓励学生多读传记。

为什么中小学生要多读传记？我曾在《中外传记选读》的前言中说过理由，这里不妨转述一下：

> 同学们都渴望能拥有健全、快乐和成功的人生，现在的学习阶段就在做准备，而且其本身就已经是你人生经历的一部分。我们该怎样设计自己的人生？当然最重要的还是学习。除了学习文化知识，还要从历史人物或者成功的人物身上学习宝贵的生活道理、人生哲学以及获取成功的途径。这就是励志教育，是人生教育中非常重要的部分。人都需要不断添加生活的动力，特别是在年轻的时候，要有偶像和楷模，有高远目标的激励。如同英国思想家培根所说过的：“用伟人的事迹激励我们，远胜一切的教育。”让同学们从

那些杰出的成功的人物身上吸取人生的经验，从前人多种人生道路的选择中寻找我们各自的“契合点”，这就是我们设立这门课的主要目的。

这里说的“设立这门课的主要目的”，其实也是我们推出这套“常春藤传记馆”丛书的目的。

“常春藤传记馆”丛书由北京大学语文教育研究所组织编写，长春出版社出版。全套丛书初步设定为100种，每本10万字左右，其选目、内容和写法都是为中小学生“量身定制”的。我们希望这套丛书能作为基本图书进入中小学图书馆。和其他同类传记图书相比，“常春藤传记馆”丛书有四个特色：

一是传主覆盖范围广。包括中外古今各个领域的名人，涉及政治、军事、科学、实业、社会活动、文学、艺术、革命等领域。重点考虑有代表性的、在精神层面可以给学生激励的那些名人。

二是和课程教学有呼应。中小学除了语文，各个学科的教材和教学都会涉及中外古今各个领域的著名人物，选择主题首先考虑这一情况，选取学生有所接触又可能希望进一步了解的那些名

人。这可以满足学生不同的兴趣爱好。

三是专门为中小学生编写。本套传记不是专业性强的评传，而是重在勾勒传主生平事业贡献的小传，内容和文字力求深入浅出，生动形象，有趣有味。阅读对象接受水平可以定位在初中程度，也可以稍高一点。特别是有些理科方面的传记，主要面对高中生。其实，小学生的课外阅读也要取法乎上，他们可以读这套为中等文化水平的读者设计的书。

四是内容安排上特别注重励志及健全的人格心理引导培养，在叙说传主生平事迹时，适当地自然地凸显这些方面的思考。

丛书取名“常春藤传记馆”，有特别的含义。“常春藤”是一种多年生常绿藤类灌木。美国哈佛大学等几所著名的私立大学，组成体育联盟，叫“常春藤盟校”，其起名是因为这些老校的校舍墙上常攀缘有常春藤。本丛书以“常春藤传记馆”作为标识，是虚拟的意象，可以联想到著名的学府，也可以联想到古代的书院，从而营造浓郁的阅读氛围和宁静的心境。另外，“常春”和“长春”同音，暗含这套丛书是由长春出版社出版的。

但愿广大师生喜欢这套书，也期盼大家提出批评建议，共同来经营好这套书，让“常春藤传记馆”更好地满足广大读者，特别是中小学生课外阅读的需求，满足语文教学的需求。

2016年6月30日济南历下

（温儒敏，山东大学一级教授，北京大学中文系教授，教育部聘义务教育语文教科书总主编）

前　言

在宋代文坛，他是一个传奇的存在。他曾横刀跃马，深入敌营擒叛将。他曾栏杆拍遍，流尽人间英雄泪。他一生尚武，却以文为业，终成词坛大家。他就是被称为“词中之龙”“词坛飞将军”的辛弃疾。

辛弃疾（1140—1207），原字坦夫，改字幼安，别号稼轩。宋高宗绍兴十年（1140 年），辛弃疾出生在山东济南。彼时，中原已被金人占领。他的祖父辛赞在靖康之变、宋室南渡后“累于族众”，无法南下，遂仕于金国。尽管如此，辛赞却一直希望有机会能够拿起武器和金人决一死战，他常常带着辛弃疾“登高望远，指画山河”，对辛弃疾进行抗金复地、保家卫国的爱国教育。同时，辛弃疾也目睹了汉人在金人统治下所受的屈辱与痛苦。这一切使辛弃疾在青少年时代就立下了恢复中原、报国雪耻的志向。

在祖父的教导下，辛弃疾从小文武兼修，朝着“文能提笔安天下，武能上马定乾坤”的目标努力。22 岁那年，他率领 2 000 多人起义抗金，并投奔以耿京为首的北方忠义军。当时和辛弃疾随行的还有一个名叫义端的和尚，此人懂兵法，会武功，辛弃疾特地将他推荐给耿京。谁知义端见利忘义，偷走了起义军大印，逃奔金军。得知此事的辛弃疾一路快马加鞭追了上去，没出三日便杀死义端，追回大印，从此得到耿京的信任。后来，他们一起带着所有的人马，投奔了南宋朝廷。

南宋朝廷热情地接待了他们，将他们的队伍编入国家正规军，然后委任耿京为天平军节度使，委任辛弃疾为江阴签判。可辛弃疾还没来得及赴任，就传来了耿京被叛徒张安国所杀的消息。于是，辛弃疾接下来上演了一幕豪气干云的大戏——他集结 50 多名义士突袭金军，生擒张安国，并策动上万名士兵一起投奔南宋。此事在宋洪迈《文敏公集》卷六《稼轩记》中有记载：

> 齐虏巧负国，赤手领五十骑，缚取于五万众中，如挟毚兔，束马衔枚，间关西奏淮，至通昼夜不粒食。壮声英概，懦士为之兴起，圣天子一见三叹息，用是简深知。

这一英雄事迹在南宋朝野引起震动，不仅军民们敬佩非常，连宋高宗也连声赞叹。正所谓“壮岁旌旗拥万夫，锦襜突骑渡江初。燕兵夜娖银胡䩮，汉箭朝飞金仆姑。”

辛弃疾归附南宋之后，一心抗战，力主收复中原。他先后上了一系列奏疏，力陈抗金富国方略，但始终未得到朝廷的回音。尽管如此，他心中那份爱国的热火依旧在熊熊燃烧。他每得到一次为朝廷效力的机会都特别珍惜，都会在力所能及的范围内抓紧时间练兵、筹款，整饬政务，时刻准备着冲上前线。比如，他出任滁州知州仅半年，当地的荒陋之气就一扫而空。又比如，他担任湖南地方行政长官时，雷厉风行地创办了一支飞虎军。飞虎军军威凛凛，名镇江南。

然而，他的真抓实干，他的努力作为，都为他惹来了诸多诽谤，甚至有人弹劾他拥军犯上，这些都导致他仕途不顺。他在为官的 40 多年里，被频繁调动多达 37 次，还有 20 多年的时间处于被闲置的状态。

一个秋日午后，辛弃疾登上建康赏心亭，遥对古秦淮河，痛拍栏杆，想起当年的沙场号角，愁从心来：

> 楚天千里清秋，水随天去秋无际。遥岑远目，献愁供恨，玉簪螺髻。落日楼头，断鸿声里，江南游子，把吴钩看了，栏杆拍遍，无人会，登临意。（《水龙吟·登建康赏心亭》）

一晃就是半生。都说时间总能冲淡一切，可是辛弃疾心中的那份精忠报国的热忱却从未减弱，他无时无刻不在“梦回吹角连营”，无时无刻不想“沙场秋点兵”。然而，“南归之后，他手里立即失去了钢刀利剑，就只剩下一支羊毫软笔，他也再没有机会奔走沙场，血溅战袍，而只能笔走龙蛇，泪洒宣纸，为历史留下一声声悲壮的呼喊、遗憾的叹息和无奈的自嘲”（梁衡《把栏杆拍遍》）。

于是，他只能登高望远，怀古追今，感叹："少年不识愁滋味，爱上层楼。爱上层楼，为赋新词强说愁。而今识尽愁滋味，欲说还休。欲说还休，却道天凉好个秋。"

于是，他只能对话青山，自我开解："我见青山多妩媚，料青山见我应如是。情与貌，略相似。"

于是，他只能凭栏远眺，看长江滚滚，想往事悠悠："何处望神州？满眼风光北固楼。千古兴亡多少事？悠悠。不尽长江滚滚流。年少万兜鍪，坐断东南战未休。天下英雄谁敌手？曹刘。生子当如孙仲谋。"

于是，他只能寄情田园，描写日常生活的情趣："茅檐低小，溪上青青草。醉里吴音相媚好，白发谁家翁媪？大儿锄豆溪东，中儿正织鸡笼。最喜小儿亡赖，溪头卧剥莲蓬。"

总之，无法纵横沙场的他只能以笔墨为刀剑，蘸着自己的血和泪，在一首又一首词作中"刻"下自己的家国情怀，"刻"下自己的满腔热忱。

转眼已是暮年，辛弃疾从一个意气风发的热

血少年，变成两鬓斑白的老者。然而，英雄老去，豪情仍在。只要朝廷需要，辛弃疾依然会毫不犹豫地站出来为国效力。宋宁宗嘉泰三年（1203年），已经64岁的辛弃疾终于等到一次被“召唤”的机会。他怀着“恢复旧山河”的希望，出任知绍兴府兼浙东安抚使。第二年春天，他得以觐见宋宁宗，被差以镇江府一职。辛弃疾到任后，立马开始筹备北伐之事。他深知当时北伐的时机并不成熟，必须先做好充足准备。可当时的太师韩侂胄急不可耐地要主动出征。由于难以与韩侂胄达成共识，辛弃疾再次受到排挤。北伐开始之前，辛弃疾便被夺去了实职。

宋宁宗开禧元年（1205年），66岁的辛弃疾登上了镇江北固山，凭高望远，感慨万千，写下千古名作《永遇乐·京口北固亭怀古》：

千古江山，英雄无觅孙仲谋处。舞榭歌台，风流总被雨打风吹去。斜阳草树，寻常巷陌，人道寄奴曾住。想当年，金戈铁马，气吞万里如虎。　　元嘉草草，封狼居胥，赢得仓皇北顾。四十三年，望中犹记，烽火扬州路。可堪回首，佛狸祠下，一片神鸦社鼓。凭谁问，廉颇老矣，尚能饭否？

抚今追昔，字里行间充满了老之将至、英雄末路的悲叹与壮志难酬的愤懑。

宋宁宗开禧二年（1206 年），仓促出征的南宋军队在北伐中一败涂地。这一次朝廷痛下决心重用辛弃疾，一再为其加官晋爵，想让他出山支撑危局。但此时的辛弃疾已身染重病，卧床不起，即使南宋朝廷再有诚意，辛弃疾也杀不了贼了。

宋宁宗开禧三年（1207 年）秋天，农历九月初十，辛弃疾带着忧愤的心情离开人世，享年 68 岁。传说临终时他仍在大呼："杀贼！杀贼！"这是他生命中最后一次呐喊。

"平生塞北江南，归来华发苍颜。布被秋宵梦觉，眼前万里江山。"这是辛弃疾一生的写照。他一生都希望"醉里挑灯看剑""沙场秋点兵"，他一生都执着"男儿到死心如铁。看试手，补天裂"，可终其一生他都未能实现自己的抱负。

历史上的辛弃疾就这样带着无尽的悲愤和不甘远去了。然而，文学之中的辛弃疾却像一座不老的青山，永远矗立在人们心中。仰读这座青山，我们总能听到这个壮志未酬的英雄一遍一遍的呐喊，一次一次的表白，总可以看到他在夕阳中痛拍栏杆、望眼欲穿的身影。

所不朽者，垂万世名。

孰谓公死，凛凛犹生！

目录

contents

第一章
壮岁旌旗拥万夫

生于乱世　年少立志

宋高宗绍兴十年五月十一日，即 1140 年 5 月 18 日，一声响亮的婴儿啼哭声打破了山东济南府历城县一户辛姓人家的平静。全家人欢天喜地地迎接这个小生命的到来。其中，最高兴的就是孩子的祖父了，他为这个婴儿取名“弃疾”，期盼孙子健康成长，百病不侵。

但用不了多少年，这个婴儿就会知道这个名字其实还有更深的寓意。“弃疾”与“去病”意思相近，比拟西汉名将霍去病。当年，霍去病率领汉军与匈奴交战，把匈奴打得节节败退。他守护了大汉疆土，维护了大汉尊严，也给自己留下了

“封狼居胥”的佳话。祖父给孙儿起这样的名字，是希望他长大后能像霍去病一样征战沙场，保家卫国。

辛弃疾的祖父为什么希望他成为霍去病那样的人物？这要从辛弃疾出生的时代背景说起。在辛弃疾出生的 13 年前，也就是公元 1127 年，历史上发生了著名的“靖康之难”。北宋太上皇宋徽宗、皇帝宋钦宗同时被金人掳去，北宋灭亡。但宋朝人不甘心亡国，很快拥立宋钦宗的弟弟康王赵构在南京府（今河南商丘）即位，年号建炎，历史上的南宋时期就此拉开帷幕。赵构就是我们今天熟知的宋高宗。

宋高宗即位以后因为惧怕金人的铁蹄，马上做出了南渡的决策。建炎元年（1127 年）十月，赵构带着他新组建的小朝廷的全班人马逃向扬州。南宋朝廷的举动等于把黄河以北的土地和百姓心甘情愿地拱手让给了金人，而金朝也想进一步把河北、山东一带据为己有，于是把全部武装力量都集中到这一地区。建炎二年（1128 年）十二月，金军先后进攻山东东平府（今山东东平）和北京大名府（今河北大名），进而攻下山东济南。从此，齐鲁大地彻底沦为金人之手，济南民众的生活再无宁日。

辛弃疾的祖父辛赞当时本想跟着朝廷南下，但由于家族人口众多，拖累过重，举家南迁的难度非常大，所以他只好留在济南做了金人的俘虏，后来还不得不违心做了金朝的官吏。然而，他始终"身在曹营心在汉"，他始终相信大宋朝有一天会收复中原，他愿意等待那一天的到来并为此忍辱负重。于是，他像越王勾践那样，默默忍受着周围的耻笑和冷眼，默默期盼大宋朝廷有一天东山再起，一举灭金，雪洗"靖康耻"。孙子辛弃疾的出生，仿佛暗夜里的亮光，让他看到了希望，看到了未来。所以，跟所有寄希望于下一代的老人一样，辛赞将心中埋藏的那个隐秘的愿望寄托在刚刚出生的婴儿身上，为他取名"弃疾"，希望他将来像霍去病一样骁勇善战，驱走金人，守家卫国。

辛弃疾没有辜负祖父的期望。他一天天地健康长大，从一个小婴儿很快就长成一个健壮又聪明的小小少年。他按照祖父的要求，每日认真习武、读书，无论寒暑，从未间断。而且，随着祖父南北仕宦，不停东奔西走，辛弃疾的视野和见识也在不断开阔。辛弃疾 7 岁那年，在亳州（今安徽亳州）为官的祖父还为他请到一位名师传授学问。这位老师名叫刘瞻，字岩老，号樱宁居士，是当时著名的文学家，后来还在金世宗时期担任史官编修。在刘瞻的点拨下，辛弃疾的学业日益精进。他接触和学习了大量儒家典籍，了解了诗词创作的精妙之处，为日后的求学问道打下了坚实的基础。

金熙宗皇统八年（1148 年），辛弃疾的祖父被调往行台尚书省任职，年少的辛弃疾也拜别恩师，跟随祖父一同上路。行台尚书省的所在地是北宋曾经的京师汴京（今河南开封），这里曾是北宋最繁华的地方。当年柳永曾描写过歌舞升平、祥和安乐的景象："凤辇宸游，鸾觞禊饮，临翠水、开镐宴。两两轻舠飞画楫，竞夺锦标霞烂。罄欢娱，歌鱼藻，徘徊宛转。别有盈盈游女，各委明珠，争收翠羽，相将归远。渐觉云海沉沉，洞天日晚。"然而，现在的汴京已经不是自己的家园，越是芳草萋萋、百花争艳，越是让人黯然神伤。多年后，辛弃疾在一首《声声慢·开元盛日》

中回忆自己年少时见到的汴京景象：

开元盛日，天上栽花，月殿桂影重重。十里芬芳，一枝金粟玲珑。管弦凝碧池上，记当时、风月愁侬。翠华远，但江南草木，烟锁深宫。　　只为天姿冷淡，被西风酝酿，彻骨香浓。枉学丹蕉，叶底偷染妖红。道人取次装束，是自家、香底家风。又怕是，为凄凉、长在醉中。

这首词虽是他中年所作，但字字句句都是儿时的记忆和感受。我们从中也能看出，那时候的辛弃疾已具有深厚的民族情感和强烈的爱国意识。

在汴京期间，辛弃疾祖孙俩相依相伴，祖父的言传身教让他快速成长着。每日晚饭后，祖父都把辛弃疾叫到身边来，考一考他当天所学的知识，跟他聊一聊过去发生过的事情。有时候，祖父还会带着他攀登高山，远眺万里山河，讲述家国大事。每每讲到靖康二年（1127 年）金人攻下东京汴梁，掳走徽、钦二帝的耻辱历史，祖父就不由得一声长叹，流下泪来。祖父郁郁寡欢、满目忧思的神情，犹如箫管吹起的一曲悲戚的长歌，让年少的辛弃疾心里蒙上一层淡淡忧伤。

有一日，他和祖父像往日一样登高远望。这一次，他们远远地看见街市上几个金兵对百姓肆意虐打的场面。这一幕让年少的辛弃疾皱紧了眉头，而一旁的祖父则禁不住悲愤地大喊：“岂有此理!”随后又连连叹气、摇头。他用微微颤抖的手指着远处的山山水水、巷陌良田，向辛弃疾沉痛地说：“这大好河山本是我大宋的疆土，这些无辜百姓本是我大宋臣民，可惜今日被金人肆意践踏凌辱，希望有一天朝廷能打回来，将金人赶出去，还百姓一个太平。”

祖父的话深深烙在辛弃疾的心里。于是，他急切地盼着自己赶紧长大，盼着自己有朝一日提剑跨马，征战沙场，用赫赫军功消除祖父眉间的纹路和心头的郁结。

两赴燕京　侦察敌情

在辛弃疾努力成长的过程中，金朝内部发生了一件大事。金熙宗皇统九年（1149 年），金太祖庶长孙完颜亮发动政变，杀死金熙宗登上皇位。完颜亮史称海陵王，他的上位直接改变了金朝的统治格局。此人即位后，一方面大肆屠杀宗室子孙以巩固政权，另一方面厉行革新，大力推广汉化，推出了迁都燕京（今北京）的历史性举措。

金朝政局的变动令辛赞忧心忡忡。因为如此一来，大金王朝不仅加强了对中原人民的直接统治，还为今后向南进攻奠定了基础。看到祖父日夜忧心的样子，辛弃疾更加发奋刻苦地读书、习武，希望自己的努力能给祖父带来稍许安慰。

金贞元二年（1154 年），年仅 15 岁的辛弃疾在乡试中脱颖而出，赢得了去燕京赴试的机会。消息传来后，久不碰酒的辛赞破例开了酒坛，连干了三杯。烈酒穿肠而过，他只觉得浑身热血沸腾，内心感到一种久违的痛快！那一刻，他为自己有个有出息的孙子而骄傲！那一刻，他觉得自己暗无天日的生活终于要见到光亮了！与此同时，他心中也暗暗酝酿着一个充满风险和挑战的计划——让孙子利用燕京赴考的机会，打探金朝政治中心的虚实，为将来起兵抗金做准备！

转眼就是辛弃疾离家赴试的日子。此时的辛赞正担任沂州知州一职，没有诏令自然不能离开任地。临行前的那晚，他把辛弃疾叫到跟前，细细地叮嘱他一路需要注意的事项，把自己筹谋已久的计划和盘托出。屋内烛光摇曳，屋外风声呜咽，祖父的话像钉子一样，一字一句地钉在辛弃疾的心里：“此去燕京，一定要仔细观察金人的军事部署和政治局势。”“这是一次难得的深入金人政治中心的机会，要随机应变，把你看到的听到的都悄悄记下来。”

带着祖父的嘱托，辛弃疾上路了。一路上，他认真观察着山川走势和官府仓库的位置，并悄悄地在自己的路线图上做好标记。到达燕京后，他又注意探听金朝高层的内部运行和军队调度情况。可以说，他把祖父交代的任务完成得非常出色。遗憾的是，这一次他未能在科场上胜出，不能在燕京多做逗留。但辛弃疾没有沮丧，他回家之后继续潜心读书，耐心等待着下一次去燕京的机会。

时光飞逝，没过几年机会就来了。金正隆二年（1157 年），又遇金朝省试。当时，完颜亮正在加紧消灭异己，为自己的南侵计划做准备。为此，金国上下笼罩着一股躁动不安的氛围。18 岁的辛弃疾在这股不安的氛围里，提振精神，重整行装，又一次踏上去往燕京的路。一路上风景如画，可辛弃疾无心欣赏。像上一次来时那样，他认真标记着沿途的山川走向、城镇分布和兵防布局，并且更加用心打探军情，留意民生。

不过，不知辛弃疾是为了刻意藏锋，还是因为别的什么原因，此次科考他再度名落孙山。我们很难猜测，两次不第的事实会在辛弃疾心中激起怎样的波澜，但可以肯定的是，当他回到家中向祖父详细汇报自己探听到的情况时，他的内心是满足的。因为两次燕京之行，实在收获多多。他了解到中原地区百姓对金朝的统治已经达到了“怨已深，痛已巨，而怒已盈”的地步，人心思叛。他还对金朝在中原地区的军事布局和行政机构进行了细致的考察，摸清了金人的虚实，这些都成为他日后写作《美芹十论》的基础。

对于辛弃疾两次赴燕京的表现，辛赞感到非常满意。他捧着孙子奉上的绝密线路图，听着孙子详尽地叙述燕京之旅的所见所闻，心里万分激动。他觉得自己的孙子已经具备了领兵布阵的基本能力，只要加以磨炼，以后必然能成大事。

就在辛弃疾祖孙二人为将来筹谋的时候，完

颜亮也在准备大举进攻南宋。为此，金朝官兵变本加厉地对北方人民进行榨取和掠夺。他们肆意抢占民田，把中原地区的民众当成猪犬一样驱使。他们增加赋税的名目，横征暴敛，以充军费，强征汉族壮丁，搞得无数家庭家破人亡。在这种情势下，金朝内部矛盾重重，北方中原地区民众的抗金情绪日益高涨。辛赞敏锐地感觉到起义抗金的时机要到了，到时候他必然一马当先，冲在前面，为自己的孙子做出表率。

然而，抗金起义一事还未筹划布局，辛赞却在这时候突然重病离世。祖父的离去对辛弃疾而言，是一个巨大的打击。“悲莫悲兮生别离”，他该如何消解内心的悲伤？辛弃疾深知祖父夙愿未了，他应该拼尽全力去完成那个心愿。可是面对混乱的时局，他只有赤手空拳，究竟该怎么办呢？

这时候，他的同窗好友党怀英提议用蓍草来占卜前途。党怀英，字世杰，号竹溪，奉符（今山东泰安）人。他和辛弃疾同为刘瞻的门生，二人不仅在才学上不相上下，彼此之间还拥有一份深厚的友情，所以当时人们并称他们为“辛党”。他们在求学期间，常常一起登泰山，访古迹，也经常在一起交流学问，谈论国事。与辛弃疾对待金人的激烈态度不同，党怀英没有那么强烈的对抗心理。因为他家境贫寒，谋求生计是他年轻时最为迫切的事情。他与辛弃疾一同参加过两次科考，每次去燕京，他心里都充满欣喜和向往，渴盼着一举中的，从而缓解家里的困境。所以，当金朝磨刀霍霍准备向南宋开战时，这对好朋友也面临着不同的人生选择。

也许是天意使然，那天的占卜得出来两个截然相反的卦象，辛弃疾得了一个“离”卦，党怀英得了一个“坎”卦。“离”为火，是南方之卦，指示求卦人到南方去托身；“坎”为水，是北方之卦，指示求卦人应固守原地，不要乱动。就这样，在卦象的指示下，党怀英决定留在北方，后于金朝大定十年（1170 年）中进士，官至翰林学士承旨，世称“党承旨”。而辛弃疾则决意向南，为他日后起事抗金，归附南宋留下伏笔。他们谁都没想到，那一次竟是他们最后一次相见。

“四十年来家国，三千里地山河。”此后的数十年里，这对好朋友被千山万水相隔，在时代的涤荡中各自精彩。

投靠耿京　斩杀义端

金正隆六年（1161 年），金秋肃杀时节，完颜亮亲率六十万大军发动大规模的南侵战争。金军先从西路进攻川陕，再从中路进攻荆襄，同时水军从浙东直攻临安，最后完颜亮率领东路军进攻淮南。面对金人来势汹汹的进攻，南宋也派出了将领迎敌。于是，金宋两地狼烟四起，战火纷飞。

就在这时，属于辛弃疾的离卦开始运转。当金军铁骑踏过太行之东，杀入淮水之北时，起义早已风起云涌。时年 22 岁的辛弃疾也变卖家产，揭竿而起。他在济南附近召集了两千多人组成守护家国的起义队伍，日夜操练，随时准备与金军对抗。

可是区区两千人何以抵抗金军的六十万大军？如果硬打，无疑是以卵击石。辛弃疾不是有勇无谋的莽夫，他深知必须加入到更为壮大的队伍当中，才能事半功倍，才有可能成就抗金事业。经过细致的考察，他最终决定投靠驻扎于东平府的耿京队伍。

耿京本是济南的一个农民，因为不满金国统

治者的压榨，便集结了一众英雄豪杰，揭竿而起，在济南东山一带与金人进行斗争。在一次又一次的对金作战中，耿京队伍的声势越来越大，先后攻取了莱芜和泰安。趁着完颜亮攻打南宋的时候，耿京又攻占了东平府，自称东平节度使，从而在东平府高高竖起了抗金大旗。山东各地抗金义军纷纷来投靠耿京，短短几个月里，耿京的队伍就发展到二十多万人。

“走，投靠耿京去！”辛弃疾在心里做出决定。他按住腰间宝剑，纵身上马，将目光投向远方。他率领起义军斗志昂扬地向前出发了，目的地就是耿京部队所在的营地。

对于辛弃疾一行的到来，耿京感到有些喜出望外。他早就听说辛弃疾是世家子弟，为了抗金复国而弃家起义，心里一直对其充满敬意。当晚，耿京专门设宴为辛弃疾一行接风洗尘。在宴会上，辛弃疾与耿京相谈甚欢。他结合自己两次在燕京探访的经历向耿京分析了天下大事的变动走向。耿京看他年纪轻轻却见识非凡，心中十分欢喜，当即任命他为掌书记，负责全军的文书工作，协助自己处理军中的大小事务。不仅如此，耿京还把自己的帅印交给辛弃疾保管，这让初来乍到的辛弃疾备受感动，也更加坚定了跟随耿京抵抗金军的决心。

日子过得很快，转眼辛弃疾来到耿京部队已有数月时间。在这期间，辛弃疾经常跟随耿京出入，对耿京光明磊落的处事风格和宽宏大量的为人方式甚为敬重。他深知耿京求才若渴，希望广纳天下能人贤士，于是他把此事记在心里，为耿京四处留心打探可用的人才。

某日，辛弃疾听说有一支起义军在泰山脚下流动作战，抗击金兵，这支队伍为首的是个叫义端的和尚。这消息让他内心非常兴奋，因为这个义端和尚是他的老相识。几年前，他和同学党怀英在泰山一带游学的时候，结识了这位义端和尚。由于彼此年龄相仿，志趣相投，他们很快无话不谈，还曾一起携手登泰山，慨谈天下大事。如今，听说义端也聚众起义了，辛弃疾就有心将之招揽到耿京部下。于是他向耿京推荐了义端，他说："这位义端师父是个胸有志气，颇通兵法的人，如果劝他来相投，大帅您必然如虎添翼。"

耿京对辛弃疾的话深信不疑，当即就吩咐他

前去联络义端和尚。几天后，辛弃疾回来了，还带来了义端和上千人马。耿京非常高兴，随即任命义端为右军副将。辛弃疾内心更为高兴，他觉得从此以后自己在抗金之路上有了可以风雨相伴的伙伴。所以，自义端和尚进入耿京麾下后，辛弃疾与之走得很近。他们常常一起讨论兵法，一起切磋武艺，一起研究抗金的最新形势。辛弃疾将义端视为知己，对其知无不言。

然而，义端却是一个擅长伪装的投机分子，无论是聚众起义，还是加入耿京部队，都不过是想借机敛财，满足自己内心的虚荣。当他感觉在耿京的队伍里不仅很难捞到“油水”，而且还需要接受严格的纪律管制后，就产生了叛离的心思。有一天晚上，义端又来找辛弃疾闲聊，不巧的是，辛弃疾外出办事还未回来。然而，义端却没有离开的意思，他借口要等着辛弃疾回来，便滞留在辛弃疾的书房。因为平日见他们二人常来常往，有时候还同寝而眠，所以底下的士兵便没有在意。不料，黎明时分，士兵们却发现义端不见了，与他一起不见的还有起义军的帅印。

“义端不见了，大印也不见了！”这一消息迅速传开，耿京军中一片大乱。怒气冲天的耿京当即下令把辛弃疾绑过来要当众处死。面对突如其来的变故，辛弃疾心里既震惊又难受，他没想到自己一向看重的义端竟然会背叛自己，他后悔自己识人不清，差点耽误大事。可是事已至此，想再多都无用。他坦然向耿京请罪，并立下军令状：“三日之内，我一定将义端捉回来，把大印完璧归赵。如若不然，就请军法处置。”

那日，秋风凛凛，马蹄声碎。辛弃疾料定义端一定会拿着大印到金军那边请赏，于是他就向金营方向纵马直追，果然追上了义端。义端感觉到背后传来腾腾杀气，慌张回头之间，被辛弃疾一剑刺中，从马上重重摔了下来。他顾不上疼痛，连滚带爬地就向旁边的树丛里逃去。岂料辛弃疾早已跳下马来，一把将他从地上提起，把寒光闪闪的宝剑抵在了他脖颈处。义端吓得连声求饶，企图用往日的情谊来感化辛弃疾，还讨好地说：“您是天上的青犀牛下凡，有神力和使命在身，求求您不要浪费力气杀我这样的小人物。”可是，辛弃疾不为花言巧语所动，他手起剑落，砍下了义端的首级，然后包裹起来挂在自己的马头前。随后，他又小心地将义端身上的大印翻出来，揣在怀中，翻身上马，返回军营。

三日未到，英雄归来。辛弃疾单人匹马夺回大印的英勇事迹在起义军中传为美谈，耿京更是对他信任有加，事事与他商议，待他亲如兄弟。

局势动荡　拟表南归

平息义端事件后不久，辛弃疾所在的起义军又将面临新的形势变化，因为宋金战争态势发生了变化。

宋高宗绍兴三十一年（1161 年）十月下旬，野心勃勃的完颜亮率军准备攻打临安。南宋派出了大将李宝前来迎敌。与此同时，沦陷区起义军中的部分起义队伍也纷纷响应南宋的军队，从陆上和海路夹击完颜亮。辛弃疾知道这一消息后，觉得这是一个抗金杀敌的好机会，力劝耿京与南宋军队联合抗金。耿京细细分析后采纳了辛弃疾的建议，派出起义军将领李铁枪参战。在各路起义军的积极配合下，南宋将领李宝率领三千水军，利用火攻和火药在唐岛之战中打退了金军的进攻，粉碎了完颜亮夺取临安的计划。

不甘失败的完颜亮又转而进攻滁州（今安徽滁州）、庐州（今安徽合肥），最后来到采石（今安徽当涂），计划从这里渡过长江。完颜亮抵达采石时，南宋军队却处于无人指挥的尴尬局面——前任主官刚刚被免职，接任的主将还没有赶过来。在这紧急关头，正在那里慰问军队的江淮军马府参谋军事虞允文挺身而出，主动担任了江防指挥。

虞允文，字彬父，一作彬甫，宋徽宗大观四年（1110 年）出生于隆州仁寿（今属四川眉山仁寿）。虞允文虽是个文臣，但是在军事上却很有韬略。绍兴三十年（1160 年）他出使金国，见其大举运粮造船，回来后，便奏请皇帝加强防御。可惜他人微言轻，高宗赵构并不曾把他的建议放在心里。不承想第二年，完颜亮果真打了过来。面对一触即发的战争，很多人避之不及，虞允文却勇敢地站了出来，坚定地鼓舞将士们与金人决一死战。他在长江南岸部署骑兵，配备弓箭手，又派战船在江中截击敌人，还动员当地民众一起保卫家乡。最终，在他的冷静指挥下，南宋以一万八千兵力对战十五万金兵，以少胜多，打败金军，这就是历史上著名的“采石大捷”。

虽然采石一战吃了败仗，可完颜亮仍不死心，他下令移师扬州，妄图从瓜洲镇渡过长江。得知消息的虞允文又连忙赶到镇江进行阻截，一场硬仗又将开启。就在这时，一条惊天消息从金朝后方传来，彻底扰乱了完颜亮部队的军心。原来，完颜亮的弟弟完颜雍趁着哥哥南下时，在金朝东京（今辽宁辽阳）发动政变，自立为帝，改元大定。前有强敌，后无退路，陷入绝境的完颜亮决定孤注一掷。他下令金军必须三天之内全部渡江，否则一律处死。这一命令让疲惫不堪的金军将士非常愤怒，金军的内部矛盾彻底激化，从而引发了兵变。完颜亮在内部混战中被自己的部下乱箭射死。这场来势汹汹的南侵之战，就此收场。

金军的节节败退让辛弃疾一度看到收复失地的希望，特别是完颜亮之死让金军已然群龙无首，若是南宋军队能够乘胜追击，一定可以一举收复中原。然而事实却让辛弃疾的希望落空了。南宋上层不仅下令撤兵返回帝都，并且宋高宗这时候还派遣使者前去金国恭贺完颜雍即位。“大好时机，白白浪费了！”辛弃疾心里一声哀叹，无奈地摇头。

再说刚刚上位的完颜雍，此人颇有心机智谋，为了稳定金朝政局，他一方面派出使者与南宋议和，另一方面又颁布法令大赦天下，以此招安各地的起义军。在他的安抚之下，有的起义军头领便响应金朝的赦令，解散部队，回归田园；还有的起义军头领经不住金人诱惑，最终叛变投敌，率领部队加入金军阵营。

抗金形势的变化让辛弃疾心忧如焚，起义军究竟该何去何从是他夜夜辗转思虑的一道难题。更令他意想不到的是，之前被耿京派去支援南宋军队的起义军将领李铁枪已经随着李宝将军返回南宋了。这一消息促使辛弃疾做出决定——说服耿京，归附南宋。

其实，耿京也在为起义军的未来而焦虑。他所领导的这支队伍是起义军中声势最大的一支，自然被金人视为“眼中钉”“肉中刺”。金人若要集中力量来对付起义军，那么他们这支队伍必然是第一个被重点打击的对象。而且起义军虽人数众多，可士兵们大多来自普通百姓，没有接受过长期的军事训练，如果跟久战沙场的金兵直接对战，肯定是打不过对方的。此时，辛弃疾趁机向耿京提议："如果归附南宋政府，就可以与南宋军队遥相配合，一旦在山东无法立足，即可全军调往南宋境内，改编为南宋的正规军。"

听完辛弃疾对局势的分析，耿京接受了辛弃疾的建议，并让其起草了一封请旨南归的章表。随即，耿京召集众将领一起商议南归之事，大家一致认为，应该先派人去南宋投诚，把起义军南归的心愿告诉南宋朝廷。耿京经过一番斟酌，选派了自己的心腹干将贾瑞担当此次重任。考虑到贾瑞是个不识字的粗人，怕他在朝堂上应答不当会坏了归附大事，耿京又增派了辛弃疾、统制官刘震、右军副总管刘弁等人一同前去。

宋高宗绍兴三十一年（1161 年）十二月，贾瑞、辛弃疾等人出发了，他们心中有一点激动，也有一些忐忑，但更多的还是对南归一事的期许。他们很快就离开了东平府地界，打算穿越金人管制区，沿着海州（今江苏连云港）、楚州（今江苏淮安）、扬州（今江苏扬州）这一线路，最后直抵临安。

不过，辛弃疾一行人刚走到海州就听说皇帝要到建康（今江苏南京）视师劳军。随后，他们

又听说主战派将领张浚已经被朝廷起用，担任建康留守。接二连三的好消息让辛弃疾内心充满喜悦，他感觉朝廷真的要出师北伐了。这么一来，他更加迫切地想要见到南宋皇帝。于是，在他的建议下，一行人调转方向，直接朝建康奔去。一路快马加鞭，日夜兼程，他们终于在绍兴三十二年（1162 年）正月十八那天抵达目的地。

然而，他们要投奔的君主却是一位主和之君。宋高宗赵构自南渡以来，一直压制和打击主战派的官员，当年的抗金名将岳飞就是他下令处死的。但为了维护偏安一隅的稳定局面，他和他的南宋朝廷亦需要一些人在北方敌占区开展斗争，特别是北方起义军的抗争极大地牵制了金人的兵力，使其不敢轻易南侵。所以，面对千里迢迢前来投奔的起义军代表，赵构不得不装作一副高度重视的样子来接见他们。赵构亲自召见辛弃疾一行人，并给他们赐予了官职。任命耿京为天平军节度使，并授予检校少保的官衔；任命贾瑞为敦武郎、合门祇候；任命辛弃疾为右承务郎、天平节度掌书记；另外还封赏了起义军大小头目二百多人。

虽然赵构给他们封的官职都是虚衔，但辛弃

疾他们却格外看重。因为有了这些封号，他们的队伍就名正言顺了，以后率众南归时，他们在南宋军队中也能有自己的位置。这正是来建康之前，辛弃疾心中设想的结果。如今愿望已达成，辛弃疾等当即向赵构提出辞行，他们要把这个好消息赶紧报告给耿京和起义军的众兄弟们。赵构痛快地应允，还颁发了正式任命文件和官员用的仪仗，并派了两名使臣跟随辛弃疾等人一同前往山东耿京军中宣布任命。

“季子正年少，匹马黑貂裘”。年轻的辛弃疾怀着大事已成的快乐，怀着对未来的美好憧憬，策马扬鞭，一路向北。

夜捉叛徒　名扬天下

宋高宗绍兴三十二年（1162 年）闰二月，辛弃疾一行来到宋金边境。只见边境线上山河憔悴，一片狼藉。随行的使者已然露出胆怯之色，死活不愿意前行。无奈之下，辛弃疾只能与贾瑞等先行回去通知耿京南渡接受任职。

然而，当辛弃疾一行历尽艰险进入东平府境内时，迎接他们的不是起义军的大旗，而是一个巨大的噩耗：起义军首领耿京被谋杀了！原来，就在辛弃疾他们去建康期间，不愿意南归的张安国等人经过密谋发动叛变，杀害了耿京。

耿京是起义军的一面旗帜，旗帜一倒，必然人心惶惶，军心动摇。队伍里有人解甲归田，有人另立山头，还有人归附了金人。不到一个月的时间里，声势浩大的二十五万人马便星散殆尽，就连东平府也落到金人手中。至于那个卖主求荣的张安国，则做了金朝的济州（今山东济宁）知府，终日享受，逍遥快活。

得到耿京被害的消息，辛弃疾犹如五雷轰顶。他内心满是悲愤，当即就要跳出来为耿京报仇雪恨。一旁的贾瑞担心辛弃疾意气用事，便提议大家返回海州，从长计议。到海州后，辛弃疾向驻守在那里的李宝将军报告了耿京遇害一事。李宝在先前的唐岛之战中与起义军有过接触，对耿京的出手相助也一直心怀感激。当他听说耿京被害一事后，顿时勃然大怒，发誓要为耿京报仇。他命令手下部将王世隆、马全福等立刻点兵集合，前去攻打济州，捉拿叛徒。

这时候，辛弃疾在一旁提醒道：“李将军，济州城易守难攻，张安国刚刚上任，也必然会加强防守，所以此事只能智取，不能强攻。”李宝说：“你觉得应该如何做呢？”“如果将军信任我，就请给我拨数十骑兵，我会带着他们悄悄潜入济州城，出其不意地拿下张安国。”李宝很欣赏辛弃疾的才智，痛快地答应了他的要求。

南方二月，骤雨初歇，春寒逼人。辛弃疾怀着一腔悲愤，与王世隆、马全福等共同带领五十兵骑从海州出发，踏上复仇之路。在距离济州城还有五十里的地方，辛弃疾收鞭勒马，安排五名骑兵留下来作为接应。然后，每隔五里路就留下五人。到达济州城后，他与王世隆、马全福三人带着剩下的五名骑兵直奔济州知府府衙。

此时，已是夜半时分，守门士兵见有人前来，立即大喝：“来者何人？”辛弃疾不慌不忙地说：“我等是知府大人的旧友，今夜特来投奔，麻烦你通报一声。”边说边把一块银子递了过去。守门士兵接过银子，用手一掂，收入怀中，喜滋滋地转头回去通报。

张安国此时正在宴请金朝的一些官员。自从当上这个济州知府，张安国很是志得意满，几乎每天都要大摆宴席，邀请同僚一同饮酒作乐。在他喝酒喝得正高兴的时候，听到守门士兵说有几个义军败兵前来投靠时，不觉一阵得意。他对一起饮酒的人说：“这些不识时务的东西，早不听我的。现在巴巴地来投靠我！”说着，他还得意地整整衣衫，趾高气扬地下令：“带他们进来！”

辛弃疾把五名骑兵留在门外做接应，他和王世隆、马全福三人跟着守门士兵走进宴会大厅。见到张安国后，辛弃疾与之假意亲热，拱手作揖道：“安国兄，你今日发达了，可不能忘记旧交啊！”张安国早就认出了辛弃疾，他以为辛弃疾是在羡慕自己，于是走上前，想以胜利者的姿态跟辛弃疾寒暄一番。没想到，辛弃疾此时却变了脸色，一把提起张安国，迅速抽出宝剑架上他的脖子。现场的人都喝得迷迷糊糊，辛弃疾这突如其来的一招让他们一时间没能缓过神来。等他们反应过来的时候，辛弃疾早已和同伴挟持着张安国离开宴会大厅。

背后追兵如潮水般涌来。辛弃疾回头一看，发现他们多是耿京队伍里的士兵。他高声劝他们一起南归，他说：“王师的大军很快就打过来了，大家要振臂响应才对，而不是屈身金国，受人驱使。”他的话刚落，人群中立即有人附和：“是啊，我们出来当兵本就是为了反抗金人的奴役！”他们本来也不想投靠金国，只是起义军首领耿京被杀，他们被情势所逼才跟着张安国走到这一步。如今辛弃疾的一番话让他们幡然醒悟，于是上万名汉族士兵纷纷朝辛弃疾靠拢。

尘土飞扬，星夜疾驰。辛弃疾率领上万人马束马衔枚、一路狂奔，一举渡过淮水和长江，押着张安国到建康，后又转押至临安（今浙江杭州）。南宋朝廷审明了张安国的罪状，宣布将其斩首示众。

辛弃疾活捉张安国一事在南宋朝野上下引起了轰动，南宋人洪迈在《稼轩记》中说：“壮声英概，懦士为之兴起，圣天子一见三叹息。”这段传奇经历还被写入《宋史》：“（辛弃疾）乃约统制王世隆及忠义人马全福等径趋金营，安国方与金将酣饮，即众中缚之以归，金将追之不及。献俘行在，斩安国于市。”为辛弃疾的人生履历添上了浓重的英雄浪漫主义色彩。

这一英雄壮举也是辛弃疾一生的高光时刻。

在南归后的数十年时光里，辛弃疾陷入了壮志难酬的困境之中，每每回忆起当年那段轰轰烈烈的往事，他只能发出长长一声叹息，在词中感慨昨是今非：

> 壮岁旌旗拥万夫，锦襜突骑渡江初。燕兵夜娖银胡𬮤，汉箭朝飞金仆姑。　追往事，叹今吾，春风不染白髭须。却将万字平戎策，换得东家种树书。（《鹧鸪天》）

这是英雄的自负，也是英雄的孤独，更是英雄的无奈。

第二章
众里寻他千百度

请缨不成　隆兴和议

转眼春来到，江阴（今江苏江阴）城里花红柳绿，袅袅春幡在风中招展。然而寓居于此的辛弃疾却忧思满怀，无心赏景。

张安国被处决后，辛弃疾并没有得到宋高宗的重用，只是被任命了一个小小的官职——江阴签判。“签判”的全称是“签书判官厅公事”，官阶只有“从八品”。此时的辛弃疾，初出茅庐，风华正茂，一腔热血，壮志凌云。他的远大抱负是要扫除胡尘，收复北方失地。担任签判这样的闲职，对他来说只能算是牛刀小试。他有点淡淡的失落，并不是因为他嫌皇帝给的官小，而是因为他敏感地察觉到朝廷对抗金一事的消极态度。

当时，金朝还在内乱当中，正是收复失地的大好时机，可是南宋朝廷丝毫没有“动手”的意思。即便是当时南宋军民要求积极抗金、收复失地的呼声很高，宋高宗和他的大臣们依然充耳不闻。就这样，南宋丧失了战争的主动权，最后又陷入与金朝对峙的胶着状态。

朝廷的抗金态度还决定了他们对待南归义军的态度。跟随辛弃疾而来的万余名义军战士常常缺衣少粮，生活非常艰难，这让辛弃疾内心非常难受。然而，他却无能为力。彼时的江阴军在南宋的两浙西路，处于长江中下游，地方偏僻，公务清闲。身为签判的辛弃疾只能干些迎来送往的闲散工作，难以施展自己的才能与抱负。

就在辛弃疾认为自己的抗金梦想彻底破灭的时候，南宋朝廷的政治变动又带给他一线希望。绍兴三十二年（1162 年）六月，做了 36 年皇帝的赵构下诏禅位，由太子赵昚继承皇位。赵昚就是后来的宋孝宗。

赵昚是宋太祖的七世孙，他的生父是秀安僖王赵子偁。宋高宗建炎元年（1127 年），赵昚出生于秀州（今浙江嘉兴）。宋高宗绍兴二年（1132年），赵昚被宋高宗选为养子。宋高宗绍兴三十二年（1162 年），赵昚被立为太子，同年即位成为皇帝。宋孝宗被认为是南宋皇帝中最有抱负的君主，《宋史》说他“聪明英毅，卓然为南渡诸帝之称首”。他在位期间政治清明、社会稳定、经济繁荣、文化昌盛，南宋进入到一个相对兴盛时期。

赵昚即位之初，志在恢复。在登基后的第二个月，他就颁布手谕，召主战派老将张浚入朝，共商恢复河山的大计。并且下诏为名将岳飞冤狱平反，追复其原官，赦还岳飞被流放的家属。除此之外，赵昚还开始为被贬谪和罢免的主战派大臣平反复官。他重用主战派，积极备战，朝野气象为之一新。

宋孝宗隆兴元年（1163 年）正月，辛弃疾感觉这一年的春天来得格外早。推门开窗，全是一片欣欣然的景象。此时身处江阴的他内心充满希望和欢喜。因为就在前不久，他得到一个好消息——皇帝任命主战大臣张浚担任枢密使、都督江淮东西路军马。这个消息让辛弃疾感受到赵昚抗金北伐的决心，为此，他激动不已，热烈期盼着自己也能被征调去抗战前线。

辛弃疾日日观察着朝廷的局势，日日期盼着朝廷的调令，可是时间过去大半年了，还是没有等到朝廷的调令。因为不愿意错过这个抗金杀敌的大好机会，所以他找了一个机会亲自去拜见了张浚。

张浚早就有闻辛弃疾南渡前的英勇事迹，对他的到来表现得非常热情。辛弃疾也没过多的客套，他打开随身携带的地图，指点着上面提前画好的几条路线，向张浚陈述了自己的北伐主张，提出兵分几路攻打金国的作战计划。“我早年间曾两次入燕京探查金国的情况，发现金国军队有一个很大的问题，那就是调动起来十分缓慢。我们可以根据金国这个致命弱点，布局北伐的线路。”辛弃疾边说边用手指指点着陕西、江南东路和淮南西路、山东之地。面对张浚愕然的目光，辛弃疾再次摊平地图，慷慨陈词：“我们兵分四路进攻，逼迫金国调动它驻守在淮河防线的金兵前去救援。一旦守淮防线出现漏洞，我们就能调动精兵发动突袭，直接打到山东去。等金国军队再调来兵力时，我们已收复了山东。只要占领了山东，我们去攻打燕京也就很容易了。”

辛弃疾只顾陈述自己的观点，却没注意张浚的脸色越来越难看了。等他说完那段长长的话，把热切的目光投向张浚时，张浚却陷入沉默之中，对他的发言不置可否。那一刻，空气似乎凝滞了，辛弃疾的心开始惴惴不安起来。终于张浚开口了：“我只是奉命行事，像改动行军计划这样的大事，恐怕我还做不了主。”这句话一出口，辛弃疾的心情瞬间跌入谷底。

辛弃疾不知道的是，早在宋孝宗与张浚商定北伐大计时，已经明确了先从陕西进攻金国的策略。他们一致认为陕西军的将领常年与西夏对战，经验相对丰富，所以应该从陕西一带开始进攻。而且，张浚本人是一个志大才疏的人，一向盲目自信，他根本没有把淮河沿线的金兵放在眼里。所以，他怎么可能接受辛弃疾这个年轻人的建议呢？

不管原因如何，总之辛弃疾此次主动请缨的目的落空了，他只能满怀失落地回到江阴。然而，一时的失落并不能真正击倒一颗英雄心。在江阴签判任上的辛弃疾一边处理着手中杂务，一边时刻关心着前线的情况。

且说宋孝宗和张浚的北伐计划并没有得到顺利实施，因为金朝突然对南宋发出了挑衅。宋孝宗隆兴元年（1163 年），金朝向南宋朝廷提出割地、交纳岁币等无理要求，并调兵遣将准备进攻南宋。面对一触即发的宋金局势，宋孝宗授意张浚直接北伐。

五月初，张浚任用淮西招抚使李显忠和御前诸军都统制邵宏渊为正副主帅，渡过淮河开始北伐。李显忠从濠州（今安徽凤阳）出兵，攻打灵璧（今安徽灵璧）；邵宏渊从泗州（今江苏盱眙）出发，进军虹县（今安徽泗县）。战事刚开始时，宋军一路奏凯。李显忠顺利攻克灵璧，邵宏渊也在李显忠的援助下攻克了虹县。

五月中旬，张浚又派李、邵二人合力攻取淮北重镇宿州（今安徽宿县南），斩杀金军数千人，攻占宿州城。这一消息传回南宋，无论是孝宗、朝中主战派大臣，还是普通百姓都极为振奋。孝宗下旨提拔李显忠为淮南、京东、河北招讨使，邵宏渊为副使，并犒赏北伐军士。

就在南宋君臣为宿州大捷而兴奋的时候，失

败的危险却悄悄逼近。此时，金朝军兵已从惊慌失措的状态中调整过来，金世宗急令左副元帅纥石烈志宁率领数万金军进攻宿州。可是大敌当前，南宋军队内部却出现将领不和的问题。邵宏渊嫉恨李显忠功劳，私下散布谣言，动摇军心。结果当金军疯狂反扑时，邵宏渊不战自溃，李显忠孤军难守，最后也只能弃城而去。宋军撤出宿州没多久，就在符离（今安徽宿州）被金军追上，十几万大军伤亡殆尽，辎重全部留给了金人，史称此役为“符离之败”。

符离之败以后，南宋主和派官员对张浚等人群起而攻之，最终张浚等人遭到贬谪，北伐军队被解散。

符离之败对素有恢复中原之志的宋孝宗赵昚来说是个沉重打击。作为高宗赵构的养子，赵昚在皇宫中隐忍多年，即便已经主宰天下，他还是要受到太上皇和朝中众大臣的制约。他太希望用一场胜仗来证明自己的能力，太渴望用光复中原的功绩为自己赢得绝对的尊严。可惜符离之败不仅让赵昚的一番心血付诸东流，更给了朝廷主和派竭力反战的理由。在主和派的极力怂恿下，宋孝宗不得不派使臣向金求和。双方议定：南宋割让海州（今江苏连云港）、泗州（今江苏盱眙）、唐州（今河南唐河）、邓州（今河南邓州）、商州（今陕西商县）、秦州（今甘肃天水）给金朝。宋对金称侄皇帝，每年向金交纳岁币银绢二十万两匹。因为双方签订和议这一年恰是宋孝宗隆兴二年（1164 年），故史称“隆兴和议”。

长淮望断，关塞莽然平。忠愤气填膺，有泪如倾。辛弃疾得知和议的消息后，当即拍案而起，连叫三声：“和议误国!”然而，除了叹息又能如何呢？最后只能将满腔愁苦化作一首哀婉的词：

> 家住江南，又过了、清明寒食。花径里、一番风雨，一番狼藉。红粉暗随流水去，园林渐觉清阴密。算年年、落尽刺桐花，寒无力。　　庭院静，空相忆；无说处，闲愁极。怕流莺乳燕，得知消息。尺素如今何处也，彩云依旧无踪迹。漫教人、羞去上层楼，平芜碧。（《满江红·暮春》）

他不曾料到，在此后的四十年里，自己的境遇竟然也是一首伤感的暮春词，一直被愁苦所笼罩。

美芹十论　壮志难酬

宋孝宗隆兴二年（1164 年）秋天，辛弃疾在江阴任职期满，改任广德（今安徽广德）军通判。

赴任路上，暮霭沉沉楚天阔。25 岁的辛弃疾停停走走，醉醉醒醒。他内心伤感又迷茫，他不知道自己接下来应该做些什么。是在任上浑浑噩噩，过一天算一天？还是继续寻找机会，为收复失地做努力？尽管一路思虑重重，但当他来到广德，接手新的工作后，他内心的烈火又被点燃了。他心想：只要自己继续争取，就一定有机会实现收复河山的愿望。这一次，他不再寄希望于主战派老将，而是直接将希冀的目光投向当朝皇帝。他决定向皇帝献策，用自己的策论打动皇帝，激发皇帝对抗金人的信心。

说干就干！在那个阴冷的冬天，在那间狭小的寓所内，辛弃疾不眠不休地书写着策论。他把自己多年来对宋金局势的观察以及对恢复大业的思考，一字一句写入文章之中，最终写成十篇论文，名之曰《御戎十论》。因为古人在上书建议或以物赠人时，常以“献芹”一词以自谦，所以辛弃疾把这十篇献给皇帝的论文又改名为《美芹十论》。

《美芹十论》是辛弃疾的呕心沥血之作，蕴含了他的政治见解，表达了他立志收复失地的豪情壮志。论文的前三篇《审势》《察情》《观衅》主要分析金国的情况；论文的后七篇《自治》《守淮》《屯田》《致勇》《防微》《久任》《详战》主要讨论南宋的内政。在开篇的《审势》一文里，辛弃疾开门见山地提出自己的观点："用兵之道，形与势二"，金朝的"形"虽然看起来可怕，土地广阔，兵强马壮，但其实际上没有"势"，根本就是外强中干。原因有三点：一是金人统治的根基不稳定，各地起义军不断涌现；二是金朝官吏横行，赋税沉重，容易激起民愤；三是金朝军队内部人心涣散，容易发生内讧。辛弃疾之所以以《审势》开篇就是要给主战派打气，增加宋孝宗抗金的信心和勇气。紧接着，辛弃疾又在文章中分析了金朝将会对南宋采取的外交政策，即他们不会真正向南宋开战，但一定会虚张声势来要挟。分析完金朝的情况，辛弃疾用了 7 个篇章来陈述南宋方面的内政，就如何充实南宋作战实力，如何抓紧时机完成恢复大业等问题提出了意见，并做出具体的规划。他认为首先要做的是必须破除士大夫中的一种谬见："南北有定势，吴楚之脆弱不足以争衡于中原。"他用翔实的史料指出这种观点的荒谬，提出"今南北之势，较之彼时亦大异矣"的看法。然后，他从政治、经济、民生、军事等各个方面展开论述，环环递进，层层深化，充分论证了对金作战的可行性。他强烈呼吁南宋朝廷不要偏安一隅，而要立志收复失地。

冬去春来，辛弃疾终于把《美芹十论》全部誊写完毕。凝视着这部凝结着自己全部心血和情感的作品，他的内心久久不能平静。他想起少小时聆听祖父教诲的情景，想起自己两赴燕京的经历，也想起自己当年揭竿而起的往事。感慨万千，豪情无限。于是又提笔给皇帝写了一篇进书的札子：

> 臣闻事未至而预图，则处之常有余；事既至而后计，则应之常不足。虏人凭陵中夏，臣子思酬国耻，普天率土，此心未尝一日忘。臣之家世，受廛济南，代膺阃寄，荷国厚恩。大父臣赞，以族众拙于脱身，被污虏官，留京师，历宿、亳，涉沂、海，非其志也。每退食，辄引臣辈登高望远，指画山河，思投

衅而起，以纾君父所不共戴天之愤。常令臣两随计吏抵燕山，谛观形势，谋未及遂，大父臣赞下世。……

在札子里，他追述自己的家世，恳言自己南归的初衷和矢志恢复的愿望。“虏人凭陵中夏，臣子思酬国耻，普天率土，此心未尝一日忘”，这短短的几句话里藏着辛弃疾一生坚守的信念。往后余生，无论他身在何处，无论是否被朝廷重用，他始终不忘“思酬国耻”。

在札子里，他还袒露了自己对符离之败后朝廷战和趋向的担忧，表明了自己对恢复大业的信心。他说：

臣窃谓恢复自有定谋，非符离小胜负之可惩，而朝廷公卿过虑，不言兵之可惜也。古人言“不以小挫而沮吾大计”，正以此耳。……臣虽至愚至陋，何能有知，徒以忠愤所激，不能自已，以为今日虏人实有弊之可乘，而朝廷上策惟预备乃为无患。故罄竭精恳，不自忖量，撰成御戎十论，名曰美芹……

在南宋朝廷陷入低沉气氛时，在所有当权者都放弃抗金时，只有这个小小的通判辛弃疾挺身而出，试图以一己之力唤起南宋君臣的战斗情绪和胜利信念。

乾道元年（1165 年）春天，《美芹十论》被郑重地递交给南宋朝廷。辛弃疾满怀兴奋与不安等待着，等待着朝廷的回复，等待着皇帝的召见。

然而，时间一天天过去了，递出去的折子却如石沉大海，毫无音讯，辛弃疾心中那团烈火也在等待中渐渐燃尽。虽然他早有心理准备，可面对冰冷的事实，心里仍感到阵阵痛楚。当优异卓越的才能不被赏识，矢志报国的信念不被看重时，再豪迈的人也不免黯然伤神。

其实，《美芹十论》并非完全石沉大海。宋孝宗赵昚看过之后是有触动的，他甚至还曾动过再次兴师北伐的念头。乾道三年（1167 年）的某一天，赵昚再次召集宰辅大臣商讨恢复之计。同知枢密院事刘珙首先发言说："复仇雪耻固然是当下的第一要务，但是此事不能操之过急。我们必须先韬光养晦，内修政事，如果没有十年之功，臣觉得恐怕没那么容易撼动金国吧？"

知枢密院事虞允文马上反驳："此言差矣。机会之来，间不容发，奈何拘泥于如此旷日持久之计？想当年，汉朝的高祖皇帝、光武皇帝，都是起于匹夫，短短数年间就夺取了天下，他们哪里需要用上所谓十年修政之功？"

刘珙毫不客气地回应道："正是因为高、光二帝起于匹夫，所以他们才敢毫无顾忌地去冒险，当今圣上深受太上皇帝、祖宗二百年宗社之寄托，孰轻孰重，岂是那两位君王可以比拟的？"接着，他面向宋孝宗躬身作揖，继续道："微臣以为陛下应该效法中兴之君周宣王。宣王之事，见于《诗经》，其一开始侧身修行，以格天心，而后任贤使能，以修政事，最终达到外攘夷狄的目的。所以想要实现恢复中原的大计，必须进行多年积累，不能率性而为。"

刘珙的话说到了赵昚的心里，是呀，符离之败的教训犹在眼前，北伐之事确实不能操之过急。所以，当虞允文还想说些什么时，赵昚及时制止了他。一场争议就此平息。

延和殿上发生过的一切，辛弃疾永远都不会知道。他待在广德那个小地方，每日并无要紧的公务，大把大把的时间只好用来与人交游。为了排遣心中的郁闷，他总是出现在各种宴会场合，喝得醉醺醺的，然后借着酒劲填词作曲，供人赏玩。然而，热闹背后却是夜夜难眠。

在一个月明星稀的晚上，辛弃疾睡不着，不由得回忆起自己江阴签判任满后，寓居吴江的往事：

> 少年痛饮，忆向吴江醒。明月团团高树影，十里水沉烟冷。　　大都一点宫黄，人间直恁芬芳。怕是秋天风露，染教世界都香。（《清平乐·忆吴江赏木樨》）

尽管《美芹十论》没有回应，尽管自己南归后备受冷落，可是辛弃疾仍然热切地关注着国家的命运，仍旧希望自己像桂花一样“染教世界都香”。

这就是英雄的胸怀，这就是英雄的格局！

任职建康　词名初扬

乾道三年（1167 年），辛弃疾广德军通判任满，改任建康（今江苏南京）府通判。这次调动对于辛弃疾而言，有着特别的意义。

建康的地理位置十分重要，地处长江边，山川形势险要，易守难攻，进可图中原，退可保江浙，历来都是兵家必争之地。诸葛亮曾评价此地："秣陵地形，钟山龙蟠，石头虎踞，此帝王之宅。"在南宋时期，建康是仅次于临安的大都会。这里设有皇帝行宫留守，也设有军马钱粮总领所，驻守此地的官员也一般由朝廷信任的大臣来出任。所以，对于遭受了朝廷多年冷遇的辛弃疾而言，能被派到建康来担任通判，这算是朝廷给他的一种优待。

当时担任建康行宫留守的官员叫史正志。史正志，字致道，江苏丹阳人，是南宋的一名主战派官员。宋高宗在位时候，他曾经上书《恢复要览》五篇，力陈收复中原的策略。史正志对辛弃疾的事迹早有耳闻，内心很欣赏这个年轻人的才能与见识，所以，他也有意在众人面前推荐辛弃疾。那时候，建康的官员们经常举行宴饮活动，相互酬唱，联络感情。史正志常常邀请辛弃疾参加他举办的宴会，一来二去，辛弃疾结识了很多官场上显赫的人物，比如淮西江东军马钱粮总领叶衡、江南东路计度转运副使赵彦端、江南东路转运判官韩元吉、建康府通判严焕、建康府观察推官丘密等。辛弃疾很快融入这些人的社交圈子，并与叶衡、韩元吉等人结下了深厚的友谊。在他日后坎坷的仕途生涯中，这些朋友将给予他最真诚的支持和鼓舞。这是后话。

在建康做通判期间，虽然辛弃疾的政治才能没有得到发挥，但是官员之间频繁的社交活动却给他搭建了施展文学才华的机会。在高楼舞场上，在笙歌宴会间，在一次次的诗词唱和中，辛弃疾留下了一首又一首绝妙词作，也确定了自己未来以长短句名家的写作方向。

然而，即便参加酬唱活动，辛弃疾也依然心忧国事，时刻借着唱和的由头，表达抗击金人，恢复中原的愿望。比如这首《满江红·建康史帅致道席上赋》：

鹏翼垂空，笑人世苍然无物。又还向九重深处，玉阶山立。袖里珍奇光五色，他年要补天西北。且归来谈笑护长江，波澄碧。　佳丽地，文章伯。《金缕》唱，红牙拍。看尊前飞下，日边消息。料想宝香黄阁梦，依然画舫青溪笛。待如今端的约钟山，长相识。

当日，辛弃疾受邀参加史正志举办的宴会活动，与众人一起听歌赏曲，泛舟游湖。望着满眼湖光山色，史正志不由得感慨万千，写下了《新亭二首》：

> 龙盘虎踞阻江流，割据由来起仲谋。
> 从此但夸佳丽地，不知西北有神州。
>
> 忽枉王人六辔驰，新亭有酒便同持。
> 坐中不作南冠叹，江左夷吾是素期。

辛弃疾读了史正志的诗后非常感动，于是写了上面那首词与他应和。在词里，辛弃疾用“袖里珍奇光五色，他年要补天西北”这样的雄奇夸张之句来表达自己对史正志的赞誉。这绝不是辛弃疾对上级的谄媚之词，而是他对一心主张收复中原的史正志表达的由衷敬意和祝愿。

在另一首《水调歌头·寿赵漕介庵》中，辛弃疾含蓄地表达了渴望被人举荐，一展抱负的心愿：

> 千里渥洼种，名动帝王家。金銮当日奏草，落笔万龙蛇。带得无边春下，等待江山

都老，教看鬓方鸦。莫管钱流地，且拟醉黄花。　　唤双成，歌弄玉，舞绿华。一觞为饮千岁，江海吸流霞。闻道清都帝所，要挽银河仙浪，西北洗胡沙。回首日边去，云里认飞车。

赵介庵即江南东路计度转运副使赵彦端，此人是当朝皇帝的宗室，很有势力和名望。辛弃疾希望借助赵介庵的举荐和提携，实现自己以身许国的英雄志向，所以在赵介庵的寿宴上特意写了这首词。虽然这首词在言辞间有一些奉承之意，但联系辛弃疾南归以来的境遇，和他渴望被重用的心情，我们是能理解他的这一举动的。

可是在莺歌燕舞的寿宴上，达官贵人们正忙着觥筹交错，有谁会认真欣赏这首饱含心意的词作，又有谁会理解这个怀揣着“要挽银河仙浪，西北洗胡沙”远大梦想的年轻人呢？

辛弃疾的宴会词并没有给他带来什么特别的机遇，相反却推着他走向另一条路——词人之路，从此他将在词人之路上越走越远了。当然，他自己并没有意识到这一切。

转眼就是乾道六年（1170 年），这一年秋天

朝廷下令史正志调任成都知府。得知消息后，辛弃疾等人特意在赏心亭为他设宴饯行。赏心亭是建康的一处名胜，位于城西下水门之上，秦淮河就在它的脚下流淌。站在赏心亭上，便可赏阅建康盛景。是日，赏心亭里高朋满座，大家一一向史正志敬酒，说着送别的话。酒过三巡之后，有人提议以登建康赏心亭为题填词助兴。不多时，辛弃疾就先得一首：

> 我来吊古，上危楼，赢得闲愁千斛。虎踞龙蟠何处是？只有兴亡满目。柳外斜阳，水边归鸟，陇上吹乔木。片帆西去，一声谁喷霜竹？　　却忆安石风流，东山岁晚，泪落哀筝曲。儿辈功名都付与，长日惟消棋局。宝镜难寻，碧云将暮，谁劝杯中绿？江头风怒，朝来波浪翻屋。（《念奴娇·登建康赏心亭，呈史留守致道》）

这首词吊古咏今，字字凄凉，借用典故表达自己报国无门、壮志难酬的悲哀。史正志听出了其中的意味，他也理解辛弃疾的心情，可是自己并非朝廷重臣，又能给辛弃疾什么帮助呢？况且辛弃疾的主张和朝廷的立场并不一致。如今朝廷的心思主要放在发展内政上，对外只求相安无事，可辛弃疾一心北伐抗金，这不是跟朝廷唱反调吗？只要他一日不改变自己的想法，朝廷就一日不会重用他。可惜，这个年轻人迟迟看不透这一点。这样想着，史正志不由得叹息一声，拍拍辛弃疾的肩头以示安慰。

傍晚临近，曲终人散，辛弃疾却没有离开。他站在赏心亭上凭栏远眺，只见远方山峦迷雾萦绕，孤独的江水朝天边流去，浓浓忧伤爬满心头。突然一阵风来，几片树叶从鬓边滑落，他回头一看，正看到几棵大树在风中摇摆。这一景象让他联想到《世说新语》里面的一个故事：

> 桓公北征经金城，见前为琅琊时种柳，皆已十围，慨然曰："木犹如此，人何以堪！"攀枝执条，泫然流泪。

桓温北伐途中经过琅琊境内的金城，发现自己很多年前种下的柳树已经长到十围之粗，便不由得感慨："木犹如此，人何以堪！"逝者如斯，韶华难留，饶是桓温这样的人物也不禁潸然泪下。而此刻面对着秋风凋碧树的情景，辛弃疾的感触更深。他已经 31 岁了，在古人眼里此时人生已经过半，可是他曾期许的那些功业、他年少时立下的志向，一个都没有实现。如果自己继续被闲置下去，那么此生注定会一事无成，遗憾终生。一想到这些，辛弃疾心里就满是焦虑和悲愤。在这股复杂情绪驱使之下，辛弃疾写下了千古名篇《水龙吟·登建康赏心亭》：

楚天千里清秋，水随天去秋无际。遥岑远目，献愁供恨，玉簪螺髻。落日楼头，断鸿声里，江南游子。把吴钩看了，栏杆拍遍，无人会，登临意。　　休说鲈鱼堪脍，尽西风季鹰归未？求田问舍，怕应羞见，刘郎才气。可惜流年，忧愁风雨，树犹如此！倩何人唤取，红巾翠袖，揾英雄泪？

夕阳西下，赏心亭内伤心泪落。栏杆拍遍，无人理会英雄愁绪。英雄在孤独中远去，把千古伤心词留给了后人！

孝宗召见　奏议两淮

送别史正志不久，辛弃疾也收到了朝廷的诏

书。原来是孝宗皇帝要召见辛弃疾。得知这一消息的辛弃疾内心颇感意外，距离第一次去临安的时间已经过去八年，上奏《美芹十论》也是五年前的事情了。这些年来，他一直在几个小地方兜兜转转，以为朝廷早已将自己遗忘。没想到现在皇帝又想起了他，还要亲自召见，这让辛弃疾内心激动难抑。

“皇上是要决定起兵北伐了吗？”“若要兴兵北伐，应该提醒皇上先考虑哪些情况？”带着这些问题，辛弃疾精心准备了《论阻江为险须藉两淮》《议练民兵守淮》两份奏疏。通过这两份奏疏，辛弃疾指出了两淮地区的战略地位，并提出了加强两淮地区建设的具体措施。

《论阻江为险须藉两淮》这道奏疏主要阐述的是两淮一带的军事防御问题。他认为金人最担心的不是大宋的兵力，而是害怕大宋断了他们的后路。身为归正人（这是南宋对北方沦陷区南归者的统称）的辛弃疾对淮北地区人民的意愿非常了解，只要南宋出兵，淮北的百姓必然帮助南宋军队夹击金军。所以他说：“一出其后，则淮北之民必乱，而淮北之城可乘间而取。”根据上述原因，他建议："以臣愚见：当取淮之地而三分之，建为三大镇，择沉鸷有谋、文武兼具之人，假以岁月，宽其绳墨以守之，而居中者得节制东西二镇。"他的意思是把两淮地区分成东、中、西三部，每部设置一个军事重镇，使其左提右挈，进可攻退可守。而既然要将两淮分为三镇，那么三镇的物资供给问题该怎么解决？这就是辛弃疾在《议练民兵守淮》这份奏疏里要解决的问题。辛弃疾指出，两淮经济萧条，根本无法在那里大量驻兵养兵，所以守淮必须依靠民兵。平时这些民兵主要是发展生产，战时发给他们武器，让他们协助政府军队作战。这样两淮地区既避免了人口流失，又发展了经济，巩固了国防。

从这两份奏疏的内容可以看出，此时的辛弃疾思虑更加周密，做事也更加沉稳。然而他能不能把握住此次机会，鼓舞皇帝抗金，实现收复中原的梦想呢？历史再一次给了我们一个悲伤的答案。

那一天，辛弃疾穿过繁华的临安城，跨过一道又一道高高的门槛，来到皇帝召见他的延和殿内。延和殿是赵昚召见臣子、商讨国家大事的地方，在这里南宋重臣们曾经为了主战和主和发生过一次又一次激烈的争论。赵昚特意在这里召见辛弃疾，说明他有重新考虑抗战的倾向。

赵昚态度的转变与主战派的当朝有一定关系。这时候，虞允文做宰相。他一向有志于北伐，曾于绍兴三十一年（1161 年）以参谋军事犒师采石，指挥三军大破金兵。他入主中枢之后，一直对宋金关系持有“机会之来，间不容发”的态度，时刻等待机会，完成恢复大业。辛弃疾突然被皇帝召见是不是因为虞允文的推荐，我们不得而知，但可以肯定的是这与虞允文在朝堂上营造的主战氛围有一定关系。

延和殿内，辛弃疾伏地跪拜，三呼万岁，听到一声“平身”后，他才抬起头来。只见孝宗皇帝高高地端坐在大殿正中的龙椅上，目光威严地注视着他。孝宗简单地询问了一下他在基层的工作情况，然后步入正题。

孝宗问：“朕自登基以来，日夜忧思恢复大业，怎奈本朝积弊甚多，恢复一事不能草率，不知爱卿以为如何?”

辛弃疾说：“微臣以为恢复大业确实应该未雨

绸缪，但也不必妄自菲薄。虽然此前我们北伐受挫，但不应该因为小挫折而放弃大事业。臣以为现在收复中原仍是有可能成功的。”

一听这话，孝宗不禁皱起了眉头。“金国地广财多，金兵强壮勇武，而本朝因战争之故，财帛匮乏，士气低迷，这又如何是好？”孝宗又问。

“陛下，金国虽地广财多，但这些都是他们征伐强抢来的，很容易分崩离析；金兵虽强壮勇武，但其内部矛盾重重，动荡不安。反观我朝，陛下勤政爱民，臣子尽职尽责，百姓衷心拥护，只要我们提振士气，上下齐心，对抗金人并非难事。”

“依卿之言，可有抗敌良策？”

“陛下容禀。臣以为当务之急必须严守淮南。臣曾几次往返于淮南东西两路之地，目睹当地民物萧条，防守力量过于薄弱。这给金兵进犯我朝提供了便利。若不加强防守，长江流域的安全必然会受威胁。至于如何严守淮南，臣有本要奏。”说着，辛弃疾拿出了提前准备好的《论阻江为险须藉两淮》《议练民兵守淮》两本奏疏，由内侍递交给了孝宗皇帝。

孝宗皇帝接过两本奏疏后，轻轻将之放置案

头，可目光随即扫到另一本折子，上面提到给太上皇赵构进贡的事情。于是，孝宗不由得想起父皇对北伐一事的态度。高宗赵构在位时一直不同意北伐，禅位给赵昚后，他对新皇推出的一切举措都没有意见，唯独对北伐一事强烈反对，为此父子二人多有嫌隙。现在孝宗皇帝终于揣摩透了太上皇的心思：赵构是在徽、钦二宗被金人掳去后，临危受命当上皇帝的，他这个皇位没有足够的正当性。若是北伐打赢了，接回二圣，那么赵构这个皇帝该如何自处？而且，金人也不傻，一旦南宋打过去，他们有可能让钦宗在汴京做个傀儡皇帝，到时只要稍加游说，一些老臣就会投奔钦宗而去，这样一来，赵构的位置将更加尴尬。正是因为有这些顾虑，所以赵构一直不愿意北伐，即便徽宗、钦宗已经去世多年，仍是如此坚持。

想到这些，孝宗不由得轻叹一声："朕常听说，自古南北有定势，北伐极少成功的。一旦发动战争必然生灵涂炭，如今百姓刚刚过了几天安稳日子，朕实在不忍心再让他们经受战火。何况，北伐若不成功，朕就成了千古罪人了。"

听闻此言，辛弃疾心中大惊，他急忙申辩道：

“陛下，臣也听过一句古话‘夷狄之腥秽不可以久安于华夏’。所谓南北定势者，主要因为自汉朝灭亡后，天下分为南北，南方的孙吴不能取代北方的曹魏，曹魏之后的晋朝却能吞并孙吴，殆至我朝太祖皇帝又取南唐、吴越，所以天下人便以为东南地薄兵脆。其实，造成这种情况的原因主要在于南朝各国用人不当……”

“罢了，你且退下，朕自有打算。”孝宗不耐烦地打断辛弃疾的话，挥挥手让他退下。

皇帝态度的突然转变让辛弃疾非常愕然。但他不敢多做停留，给皇帝行礼之后赶紧退出了延和殿。

对于此次召见，史书上记载得很简单，只说：“弃疾因论南北形势及三国、晋、汉人才，持论劲直，不为迎合。”辛弃疾究竟如何“持论劲直，不为迎合”，我们不得而知。不过很显然，这不是一次成功的谈话。

心情黯然的辛弃疾失魂落魄地回到寓所，那一刻，他再一次陷入迷惘，并且第一次对自己抗金的信念产生怀疑：朝廷上下都不愿意再起纷争，我坚持抗金是不是没有意义？可是眼前所谓的安逸，不过是暂时的，若不坚持反抗，现有的一切迟早也会被人夺去。

就在辛弃疾陷入乱纷纷的思绪中时，一道诏谕突然传来。原来皇帝下旨，任命辛弃疾为司农寺主簿。虽然这个职务官阶不高，且只能掌管粮食积储、仓廪管理之类的事务，但是辛弃疾终究留在了朝中，距离权力中心更近了。

最重要的是，这个消息鼓舞了迷惘中的辛弃疾，他觉得“皇上还是看重我的，说不定这次官职的提升就是皇上看了我的奏疏有意留我在身边”。这样一想，辛弃疾心中的郁闷早就散为烟尘，他又恢复了素日的热情豪放，激情满怀地投入到新的工作中去了。

献策《九议》　灯火阑珊

“如果采纳我的意见而不能取胜，或者不用我的意见而能取胜，我甘愿被处以极刑。”看到这句话时，南宋宰相虞允文不禁笑了起来，“这个年轻人性子还是张狂了些，说话不知分寸啊！”说着，他把手中的文章顺手丢在案头一堆文件里，转头处理其他公文了。

虞允文刚刚看到的文章正是辛弃疾写给他的关于恢复大计的建议，合称《九议》。原来辛弃疾做了司农寺主簿之后，感受到朝中主战氛围浓厚，特别是宰相虞允文的抗战态度十分坚决。于是，他把恢复中原的全部期望都寄托在虞允文身上，并向虞允文呈上了《九议》。

《九议》由九篇短论组成，前三篇主要论述北伐的战略任务，中间三篇论述北伐的战术运用，最后三篇论述保障北伐的根本措施。这九篇文章思虑更加周详，对于北伐战略的具体实施有着很强的指导性。

辛弃疾在文中建议虞允文用更多的精力和时间去寻访大江南北的英雄豪杰，从中挑选出一批能人、高人，组成智囊团，形成枢密院的属官团队，规划出抗金北伐的战略并上报朝廷，成为皇帝做出决策的重要依据。另外，辛弃疾指出，由于抗金北伐是国家的重要战略方针，因此并不能轻易决定，而要做好长期作战的思想准备。为此，辛弃疾指出，要做好“无欲速”“审先后”“能任败”这三种准备。也就是说，对金作战不能求快，“欲速则不达”，而且必须有远虑和成算，谋虑既定，就不能因为小小的胜败而改变策略。

除了强调对待北伐要有正确的战略态度，辛弃疾认为，北伐想要获得胜利，还应该积极采用灵活多变的战术。他恳切直率地指出，那些善于用兵的将领，实际上全都是善于暗地运用谋略的人。谋略的价值对于防守来说，要比城池还要坚固；对于进攻来说，要比兵刃还要猛烈。因此，在战术上，宋军将领必须要从攻守两个方面出发，想方设法地让敌军处于被动的角色。例如，当金国调动军队缓和时，我朝就应该宣布断绝岁币、准备开战；如果金军准备急促，那么我朝就应该挖掘深沟高垒，准备进行持久防守……采用了这样的方法，等到北方发生变故时，再趁机出击，取得胜利。

此外，为了保证北伐的胜利，辛弃疾还在《九议》的最后部分向虞允文提出了富国强兵等建议。

辛弃疾对自己的这套战略计划颇为自信，所以他向虞允文保证，如果采纳他的所有方案而不能取胜，或者不采纳他的方案就能取胜，他就甘心以死来谢天下。

然而，他终究是太理想主义了，或者说他太不懂揣摩上意。他不会想到自己信誓旦旦的保证在虞允文眼里是不够成熟的表现，他更不会想到自己认真制订的这套作战计划在上级眼里是不切实际的。因此，他呈上去的《九议》再次遭遇冷落。

冰冷的现实又一次浇灭了辛弃疾心中的热火。不过，他在临安也有意外的收获。比如结交到不少当时上流社会的精英人士，张栻和吕祖谦就是其中的两位。

张栻，字敬夫，后避讳改字钦夫，号南轩，学者称南轩先生。南宋汉州绵竹（今四川绵竹）人，南宋初期著名的理学家。南宋名将张浚就是张栻的父亲。说来也巧，多年前辛弃疾在江阴做签判时，曾经为抗金之事拜见张浚，向其献上自己的北伐策略。没想到多年后，他竟然和张浚的儿子成了好朋友。

吕祖谦，字伯恭，婺州（今浙江金华）人，南宋著名的理学家。后人将其与张栻、朱熹并称为“东南三贤”。吕祖谦比辛弃疾年长，且又是知名学者，所以辛弃疾对他格外敬重，后来吕祖谦逝世后，辛弃疾曾撰写《祭吕东莱先生文》，文中写道："弃疾半世倾风，同朝托契，尝从游于南轩，盖于公而敬畏。"

因为结交了张栻、吕祖谦这样的好朋友，辛弃疾在临安的日子并不难熬。这不，转眼就是乾道七年（1171 年）正月了。临安城里披红挂绿，到处都是过节的喜庆氛围，繁华热闹较往日更甚。街头巷尾，人流如织。家家饮宴，笑语喧哗。每晚簇簇繁星灯烛，长衢如昼，勾栏瓦舍，笙歌不绝。

元宵节那天晚上，家家门前扎缚灯棚，赛悬灯火，各种花灯争奇斗巧，照耀如同白日。酒肆画舫，声乐飘飘；天街茶楼，人影幢幢。辛弃疾拜别朋友独自一人行走在临安城的大街小巷，被眼前的繁华与热闹深深吸引和震撼。只见树树结满彩带，张挂花灯，一阵风来，仿佛万千花朵在枝头绽放。漫天烟花绚烂，星火在风中纷乱坠落，像是空中的繁星被吹落了，阵阵星雨划过眼帘。月光流转，鼓乐声声，鱼、龙形的彩灯在街头翻腾。他在拥挤的人群中慢慢地挪动着步伐，眼前的璀璨景象让他有些迷离。一辆又一辆华丽的香车宝马与他擦肩而过，醉人香气弥漫着大街。带着玉梅雪柳，提着漂亮花灯的少男少女，在大街上快乐地游荡。

这时候，辛弃疾心里忽然生出一种动摇：眼前的生活是多么美好欢乐啊，我坚持抗战会给这里带来什么？可是临安啊，临安，终究只是临时的安稳，是一场虚幻的美梦罢了。他这样胡思乱想着，不知不觉走到一处高楼之上。脚下的临安城正沉浸在狂欢之中，独立高处的辛弃疾心中却生出淡淡的忧伤，一种巨大的孤独感将他笼罩。灯火阑珊处，那无尽的黑暗犹如南宋王朝背后巨大的阴影。然而，此刻谁又能看到这一点？

那个夜晚，百感交集的辛弃疾写下了传唱至今的《青玉案·元夕》：

> 东风夜放花千树。更吹落，星如雨。宝马雕车香满路。凤箫声动，玉壶光转，一夜鱼龙舞。　　蛾儿雪柳黄金缕，笑语盈盈暗香去。众里寻他千百度，蓦然回首，那人却在，灯火阑珊处。

人人只说词句好，谁人可解词中意？或许，热闹喧哗下的孤独与幽寂，是英雄的伤心之处，更是英雄的难得之处。

第三章
青山欲共高人语

施展才干　滁州兴民

乾道八年（1172 年）春，辛弃疾在司农寺主簿上的任期一满就被朝廷外放为滁州知州。这是他南归以来，首次担任地方行政区的“一把手”，算是朝廷对他的一次重用。然而，这份“重用”对其他人而言却是避之不及的。

为什么这么说？因为当时滁州紧邻淮海前线，是南北交界之处，常年兵荒马乱，饱受战火困扰。那里城垣残破，农田荒芜，商旅不行，民生凋敝。南宋的官员一般都把去滁州任职看作是苦差事，那些年，知州的位置上前前后后换了很多人，都是来了不久就想办法调走了。所以，这个时候派辛弃疾去做滁州的知州，应该是南宋朝廷在无人可用情况下不得已做出的决定。况且，辛弃疾此前屡次上书言及滁州的治理问题，孝宗皇帝也有意试探一下辛弃疾是不是只会纸上谈兵。

辛弃疾当然也了解滁州履新的困难，不过他毫无畏惧，因为对他来说，前往滁州任职正是对自己政治主张的一次实践检验。

那年春天，辛弃疾又一次满怀热情地出发了。他离开了“暖风熏得游人醉”的临安城，孤独地前往“地僻且险，民瘠而贫”的滁州。刚走进滁州地界，他就感受到这里与临安的巨大反差。只见滁州城外枯草丛生，村镇里到处是残垣断壁。而城里的状况并不比城外好多少，街市上鲜有行人，甚至没有小贩的叫卖声，即便是滁州府衙的差役们也是一副无精打采的样子。滁州的颓丧景象大大超出了辛弃疾的预想：“宋金休战已经好几年了，别的地方通过休养生息早就物阜民丰了，这里却还是如此荒芜，为政者实在失职啊！”辛弃疾痛心之余，也暗暗发誓一定要改变这一切。

当天夜里一夜无眠。第二天一早，辛弃疾在府衙交代好要处理的事务后，就带了几个下属出门了。他要到滁州城各处去走一走，看一看，全面了解一下滁州百姓的生活状况。当他看到百姓们在春寒料峭的早春时节竟然身着单衣，看到有人栖息在荡然成废墟的房舍里神情木然地编制苇席，看到简易的茅草屋在风中摇摇欲坠，看到街市上零星的商铺半掩半开之时，他的内心再一次忍不住难过起来。“滁州百姓艰难，之前有没有上报朝廷减免他们的赋税？”他焦急地询问手下官员。

滁州通判范昂赶紧回答道：“回禀大人，我朝还没有给某地减免赋税的先例。而且滁州这些年因为旱涝不断，不但没能按时上缴足额赋税，还欠下朝廷五千八百贯……”

听闻这话，辛弃疾心里一沉，赋税是压在滁州百姓头上的一座“大山”啊，要想滁州恢复生机，搬走这座“大山”才是当务之急。他当即决定首先从减轻滁州百姓的赋税负担着手。回到府衙后，他连夜起草奏疏，请求朝廷免除这笔巨额税金。

然而，免税一事终究不是小事。经过辛弃疾多次上书，再三陈情，南宋朝廷才批准了这一请求。接到朝廷的批文后，辛弃疾高兴地命人誊写了数百份，分发、张贴到滁州各地：“要尽快让滁州所有的百姓都知道皇上已经免除了他们之前的欠账！”辛弃疾说。

与此同时，他还颁布了一系列新措施：官府将无主田地和农用工具免费租给农民；对于流亡归来的滁州本地人以及从北方敌占区而来的“归正人”，只要愿意回来耕田种地，政府不仅免费提供田地和农具，还会贷款帮他们建筑新居；对于商贩，政府不仅大幅度减免他们的税额，还为他们提供经商和居住的场所。

告示一出，滁州举城欢喜。人们对新任知州雷厉风行的举动感到吃惊，也感到欣喜。范昂更是对这位新来的上司充满钦佩。他原以为辛弃疾也会像前几任知州一样做做样子，很快就会找机会离开，没想到新知州真的在踏踏实实地做事。因此，范昂开始尽心竭力地辅助辛弃疾做事，后来他成为辛弃疾一生的挚友。

在范昂等人的积极协助下，辛弃疾在滁州的工作局面很快就打开了。他变得异常忙碌，每天除了处理例行公务，还要敦促下属管理好耕田和营商环境建设等事务。一有空闲，他还会到军营里走访，给青年壮丁们讲解一些基本的军事知识。他与百姓同甘共苦，真正践行着自己在《议练民兵守淮》等奏疏中提出的想法。

辛弃疾当年的那些治淮想法很快在滁州得到了验证。乾道八年（1172 年）秋天，在没有发生旱涝灾害的情况下，滁州百姓迎来了久违的粮食大丰收。此前逃离这里的农民和商人听说了滁州的变化，都纷纷返回来了。看到滁州的形势越来越好，辛弃疾趁热打铁，进一步大搞基础建设。他征用工匠，在旧日颓废不治的市区营造邸店和客舍，形成了一个综合的商贸市场。他给这个新建的市场起名为繁雄馆，希望行商坐贾各得其所，能安心在滁州做买卖。繁雄馆建成后，果然吸引了大量的商人前来滁州投资兴业。

在辛弃疾的精心治理下，滁州面貌焕然一新。城外荒野无闲田，鸡鸣狗吠声不绝；城里商铺林立，行人如织，就连夜市也火起来了，半年前的荒陋之气已经一扫而空了。

看到百姓的物质生活蒸蒸日上，辛弃疾在开心之余又想为百姓们的精神生活再做点努力。这时候，他的文艺细胞开始活跃起来。环顾周围秀美的自然风光，辛弃疾不禁想起了前人欧阳修写下的那篇脍炙人口的《醉翁亭记》：“环滁皆山也。其西南诸峰，林壑尤美，望之蔚然而深秀者，琅琊也。山行六七里，渐闻水声潺潺，而泻出于两峰之间者，酿泉也。峰回路转，有亭翼然临于泉上者，醉翁亭也……”如今滁州风景依旧，只是缺少了像醉翁亭这样游玩赏景的好去处。经过一番考察，他决定在繁雄馆旁边建造一座高楼，可以供人闲暇时登高望远，赏阅滁州四季美景。

三个月后，高楼建成了，辛弃疾为其取名曰“奠枕楼”。奠枕楼，取天下太平，安居高卧，登楼览胜，与民同乐之意。更深一层，是为激发民众振奋精神，鼓动军民积极抗金的斗志。奠枕楼初建成，辛弃疾邀请名士好友、幕府官员和滁州百姓一起登楼庆祝。辛弃疾的好友周孚特意来滁州与之相会，并与当时有名的文学家崔敦礼各作一篇《滁州奠枕楼记》，略记其始末。

那天，奠枕楼内胜友如云，人们热烈地举杯相庆，作文赋诗。辛弃疾站在这座标志着滁州恢复繁荣的高楼上，心里更是无比欣慰和高兴。多年来，他的抗金抱负无法伸展，治理滁州成为他唯一的安慰。这半年里，他减赋税，抚流民，教民兵，议屯田，建繁雄馆，创奠枕楼，夙兴夜寐地除弊兴利，让曾经破败不堪的滁州迅速恢复了勃勃生机。如今，看到这一片物阜民康的繁荣景象，他怎能不激动，怎能不欣慰？

然而，此时此刻他又不由自主地想起了尚待收复的西北神州。于是，他写下了这样一首词：

征埃成阵，行客相逢，都道幻出层楼。指点檐牙高处，浪涌云浮。今年太平万里，罢长淮千骑临秋。凭栏望：有东南佳气，西北神州。　千古怀嵩人去，还笑我、身在楚尾吴头。看取弓刀，陌上车马如流。从今赏心乐事，剩安排酒令诗筹。华胥梦，愿年年人似旧游。（《声声慢·滁州旅次登奠枕楼作，和李清宇韵》）

念念不忘，是为初心。无论身在何处，辛弃疾始终都没有丢掉自己的初心。

忧思重重　病退滁州

乾道八年（1172 年）秋，奠枕楼刚刚建成不久，滁州通判范昂的任期就满了，他要离开滁州去临安任职。临别之际，辛弃疾特意为他摆酒送行。当时，恰值中秋，二人一番对月畅饮后，不禁陷入离别的感伤之中。

辛弃疾说：“我与贤弟相处时间虽然只有短短半年，可是我们意气相投，配合默契，一起做了很多大事。一想到你就要离开，我心里就很不是滋味。可是你是要去临安任职，这是好事，我要为你高兴。”

“离开滁州，我也心中不舍。自从大人来到滁州，这里上下发生了翻天覆地的变化，跟着大人做事，我才找到为官的价值。”范昂也满怀感情地说。接着，他又不无担心地说：“如今滁州上下绥泰，民用富庶，可是如果金人听说这种变化，再来烧杀抢掠，那么我们的努力不就白费了吗？”

辛弃疾叹气道：“贤弟所言极是。这正是我一直强调要加强守卫的原因啊。可是单靠我们训练民兵，能起到多大作用呢？”

“何不上书给朝廷，让朝廷派兵加强防守呢？”范昂提议道。

“我已经给朝廷写过好几封奏疏讲述滁州的重

要战略地位了，可是一直没有得到回音。”辛弃疾无可奈何地说道。说完，他自斟了一杯酒一饮而尽。

范昂见状也不好再说什么，只能陪着他一杯接着一杯地饮酒。

沉默片刻，辛弃疾又开口道：“防范金人固然重要，然而还有一股比金人更加可怕的力量值得我们关注。如今，我日夜忧思，正是为此……”

“啊？那是……”范昂心里一惊，不禁开口问道。

“金国之北的蒙古政权。”辛弃疾斩钉截铁地说。

任职滁州知州以来，辛弃疾不仅努力推动滁州经济发展，改善百姓生活质量，还关心边境的安全，密切关注敌人的动态。他在侦查金朝情况时获悉，其北部的蒙古贵族政权在迅速崛起。这支新兴的少数民族政权充满侵略性，正在不断地袭扰金朝政权。这一情况引起辛弃疾的高度重视，他把自己了解的信息以及自己的担忧写成一封《论亡虏疏》上报给南宋朝廷。在《论亡虏疏》里，他满怀忧虑地指出：“仇虏六十年必亡，虏亡则中国之忧方大。”也就是说，金国六十年后肯定会灭亡，金国亡了，大宋的忧患才真正开始。可他的这个推论，被所有人看作是无稽之谈。因为南宋还未从隆兴北伐失败的阴影中走出来，金国在南宋人眼里就是世界头号强国，而且金世宗完颜雍励精图治，金国在他的领导下呈现出蒸蒸日上的气象，何来亡国之说？所以，辛弃疾的这一奏疏像一粒石子被丢进了大海，毫无声息地淹没于朝堂之中。

事实上，后来历史的走向与辛弃疾的预测几乎一模一样。金国在宋理宗绍定六年（1233 年）灭亡，而后南宋便成为蒙古政权砧板上的鱼肉，恰如辛弃疾所言“中国之忧方大”。从宋孝宗乾道八年（1172 年）到宋理宗绍定六年（1233 年），算起来刚好是 61 年。南宋末年，词人周密在整理历史资料时看到了辛弃疾的那份奏疏，不禁发出这样的感慨：“惜乎斯人之不用于乱世也。”

再把叙述的视角转回乾道八年那个中秋之夜，辛弃疾忧心忡忡地向好友范昂讲述着“仇虏六十年必亡，虏亡则中国之忧方大”的推论。对于这番惊人的言论，范昂显然是有些不能理解，可有一点他心里很清楚，那就是辛弃疾心忧天下的情怀是自己永远不能企及的。于是，他用一种崇拜的眼神望着辛弃疾，认真地聆听着他的感慨、忧愤乃至牢骚。

那一晚，他们聊至深夜，从家国大事到个人抱负。辛弃疾还特意写下《木兰花慢·滁州送范倅》一词，勉励范昂要为国家多做点事情，同时也表明自己虽受尽挫折，但矢志不渝的决心：

> 老来情味减，对别酒，怯流年。况屈指中秋，十分好月，不照人圆。无情水都不管，共西风只管送归船。秋晚莼鲈江上，夜深儿女灯前。　征衫便好去朝天。玉殿正思贤。想夜半承明，留教视草，却遣筹边。长安故人问我，道愁肠殢酒只依然。目断秋霄落雁，醉来时响空弦。（《木兰花慢·滁州送范倅》）

送走范昂后不久，辛弃疾接到岳父范邦彦去世的噩耗。范邦彦，字子美，河北邢台人，宋徽宗宣和年间的太学生。靖康之难时，范邦彦因为家中有老母，人口众多而无法脱身，只好留在了北方。后来，他想到只有出仕才能有机会南逃，便去参加了金朝的科举考试。中举之后，范邦彦自请为蔡州新息（今河南息县）县令。他想的是，新息就在淮水的北岸，有机会就可以回归南宋。果然，在完颜亮大举南侵的时候，范邦彦和儿子范如山秘密商议决定趁机向南回归朝廷。当南宋军队打过的时候，他们就打开了城门，宣布归附宋朝。不久之后，范邦彦举家南迁，南宋朝廷任命他为镇江通判。

南迁之后的范邦彦和辛弃疾一样，都不能得到南宋朝廷的真正信任。只因为他们都是“归正人”。归正人，即投归正统的人，其隐含的意思是他们这些人之前是“不正”的，这是南宋对北方沦陷区南下投奔之人的蔑称。最先提出这个说法的人是宋孝宗的老师，曾担任南宋宰相的史浩。此人曾说：“中原绝无豪杰，若有，何不起而亡金?”正是在这种思想的影响下，归正人在南宋总是被怀疑，被认为别有居心。因此，南宋朝廷中有一个潜规则，那就是不重用归正人，只能给他们“添差某官职，而不厘务差遣”，就是说，顶多给归正人授予虚职，而不让他们掌握实权。

正是因为有着共同的生活经历，有着“归正人”这个共同身份，范邦彦和辛弃疾一见如故，交往甚密，后来他还把自己的女儿范如玉嫁给了辛弃疾。在阴雨缠绵的南方，在无限苦闷的日子里，范家人给了辛弃疾最有力的支撑。每当他觉得自己报国无门，感到失落迷茫时，岳父都会写信开导他、鼓励他。这让他想起祖父当年的教诲，不由得心中一温，重燃斗志。

而今，岳父的骤然离去让辛弃疾很受打击。悲痛之下，他忽然意识到一个很严重的问题：南归的人总会老、死去，到时候，谁还会记得被金国欺压侵占的屈辱？谁还能把收复中原一事放在心里？如此一想，辛弃疾又陷入深深的焦虑之中。他觉得收复中原，刻不容缓，虽然朝廷不重视滁州的战略地位，可他身为滁州知州，应该尽全力做好抵御金人乃至蒙古人的准备。于是，他把悲痛和焦虑化作忘我工作的力量，更加殚精竭虑地治理滁州。

长期的负重工作拖垮了这个硬汉的身体。乾道九年（1173 年）冬天，积劳成疾的辛弃疾病倒了，病情缠绵了好几个月始终不见好转。无奈之下，他只能请辞离开滁州回京口（今江苏镇江）的家中养病。

离开滁州那天，辛弃疾隔着轿帘子依依不舍地打量着滁州城的一切。看着崭新的街道和房屋，听着路边商贩的叫卖声，他的心里感到很欣慰，滁州百姓的生活好起来了，他总算是兑现了两年前的誓言。

只是这么快就要离开，他还有很多事情没来得及去做。

就在他浮想联翩的时候，前行的车马突然停下了。原来是滁州的百姓听说知州大人要离开，不约而同地聚拢到路口要为他送行。辛弃疾感动得无以言表，他只好下车向滁州的百姓们深深作了一个长揖。百姓们也纷纷向辛弃疾鞠躬作揖，感谢他在滁州做的一切。

再回首，辛弃疾已是满脸泪水。

天空中没有留下翅膀的痕迹，但鸟儿已经飞过。

此后山高水远，辛弃疾再没有来过滁州，可是滁州却永远记住了他的名字。

故人举荐　二见孝宗

淳熙元年（1174 年）正月，辛弃疾的旧识叶衡被朝廷调任为建康留守。叶衡，字梦锡，婺州金华（今属浙江金华）人。他素来赏识辛弃疾的才能与志向，早年间，他们二人就过从甚密，十分要好。所以，重回建康的叶衡第一时间就想到了辛弃疾，想把他调到身边来，一起携手干些大事。

刚好他得知辛弃疾此时正在京口养病，于是，赶忙向朝廷举荐辛弃疾担任江东安抚司参议官一职。安抚司主管一路（相当于今天的一省）的军政和民政，而参议官就是辅助安抚使管理事务，类似于军事参谋。虽然这个官职不大，但是能直接参与到军事事务之中，这对辛弃疾来说不仅算是仕途的一次转机，更意味着他距离抗金北伐的愿望进了一步。

得到这一任命后，辛弃疾满心欢喜，身上的疾病一下子好了大半。他请朋友周孚代写了一封信给叶衡，表达感激之情。信中写道："自惟营蒯，尝侍门墙，拯困扶危，韬瑕匿垢，不敢忘提耳之诲，何以报沦肌之恩。兹以卑身，复托大府。"字字句句，充满回忆与感恩。

这年春天，大病初愈的辛弃疾再一次来到了

建康。春风拂面，花枝招展，湖光水色，虎踞龙盘，正是辛弃疾熟悉的美丽建康。第一次来建康还是十二年前的事了，那时自己奉耿京之命南下商谈归附事宜，在这里受到宋高宗赵构的接见；第二次是自己押解叛徒张安国到建康受审；第三次是来建康担任通判一职；这是第四次来建康了。心里默默回想着自己与建康的几次交集，辛弃疾不禁感慨万千。时光飞逝，时不我待，这次再回建康，辛弃疾发誓一定要在安抚司好好做一番事业。

然而，辛弃疾刚来建康没几天，就听说虞允文病逝于四川宣抚使任上。他感念虞允文锐意抗金的举动，心里不胜哀思。

紧接着，叶衡被宣召入朝，更让辛弃疾内心伤怀。叶衡离开之前，二人相约赏心亭，饮酒话别。四年前，他们曾在这里一同送别史正志，而后的时光里二人各自调往他处任职。本以为，两个老朋友如今可以共同施展抱负，为建康留下些许功绩，没想到刚刚相聚又要面临分离。辛弃疾又联想起自己南归十二年，长期奔忙于各地州府，恢复中原的大志一再受阻，胸中思绪不免激荡，万般感慨，于是写下了这首词：

> 青山欲共高人语，联翩万马来无数。烟雨却低回，望来终不来。　　人言头上发，总向愁中白。拍手笑沙鸥，一身都是愁。
> （《菩萨蛮·金陵赏心亭为叶丞相赋》）

“拍手笑沙鸥，一身都是愁。”在词中，辛弃疾含蓄地说自己就是那只沙鸥啊，被忧愁覆盖了全身。叶衡何尝不知道辛弃疾的心事，他也希望辛弃疾能够有一个施展才能，实现抱负的机会。不过，自己马上要离开建康了，江东安抚司的事情恐怕不便多插手过问，只等日后有机会在皇帝面前多多举荐他。想到这里，叶衡轻轻拍拍辛弃疾的肩膀，对他说了一些劝勉的话。而后，二人依依惜别。

叶衡做宰相后不久，朝廷就陷入了“会子贬值”的经济危机之中。会子是南宋绍兴末年创立的一种纸币，可以与金银铜等金属货币共通，这本是件利于货币流通的好事。可是由于会子印刷数量超过流通需求，且由于会子的兑换价格低于金属货币，加速了会子贬值。很多地方因为会子贬值的问题已经发生了经济危机。辛弃疾虽身在建康，但他向来关心朝堂大事，加之他与叶衡经常书信往来，自然很清楚会子贬值一事的严重性。

每当闲暇之时，辛弃疾就琢磨如何解决会子流通问题，最终他把自己对此事的认识及对策写成一封《论行用会子疏》，并写信给叶衡说明自己的想法。叶衡接到辛弃疾的来信及奏疏，心里一阵大喜，正是举荐辛弃疾的好机会。

当皇帝又一次召集大臣讨论会子流通问题的时候，叶衡趁机说出了辛弃疾的想法，并呈上了《论行用会子疏》。皇帝赵昚看过这封奏疏，连连称好。叶衡见龙颜大悦，又进一步对皇帝提起了辛弃疾在地方上的一系列政绩，特别是辛弃疾在滁州实施的那些举措。他的一番推荐，让赵昚对辛弃疾好感倍增：“看来辛弃疾不光勇武，搞经济建设也是一把好手啊！”赵昚感叹。皇帝随即下旨，召辛弃疾回朝面圣。

于是，这年年末，辛弃疾又来到临安，第二次面见了宋孝宗。仍是熟悉的场景，仍是熟悉的流程，只是龙椅上的皇帝似乎比前几年苍老了很多。这次他们没有谈论北伐抗金之事，而是围绕当前的会子贬值危机进行了深入探讨，所以气氛没有那么紧张。

皇帝说：“朕看过你的折子，对你的想法非常感兴趣，想进一步听听你的解释。”

辛弃疾道：“能为陛下分忧，是臣的荣幸。不知陛下有何疑问？”

皇帝问：“会子发行本来是为了百姓方便，可如今百姓却不愿接纳会子，导致会子不断贬值，这是为何？”

辛弃疾不慌不忙地答道：“陛下，这是因为会子信誉不断下降的缘故。会子刚刚发行时，为确保其信誉，官府曾有规定货币流通过程中，会子与现钱要各占一半，这样就可以保证两者之间价格相等。可现在官府从民间征输往往要现钱多要会子少，往民间支散则是现钱少会子多，于是形成钱重会子轻的局面，这正是会子贬值的症结之一。”

皇帝听了此言，不禁点头称是，遂追问道：“别的症结是什么？”

“还有一个症结是会子印造之数多而行使之地少。所谓行使会子之地，不过是大军屯驻之所，与畿甸之内数郡而已。在一个既定区域内，其流通所需要的货币数量是相对固定的，加上会子流通的区域有限，在这种情况下，如果会子数量不断加印，那么势必会造成通货膨胀，会子贬值的情况。”辛弃疾说。

会子贬值的症结找到了，皇帝心中大喜。于是又问：“爱卿提到的‘将欲取之，必先固之’的办法，具体怎么操作?”

辛弃疾缓缓道：“陛下容禀。所谓‘将欲取之，必先固之’就是要在停止大规模印刷会子的同时大范围地推广会子。会子的数量有限，而需要会子的地方却很多，这样会子的价格自然会上涨。等会子价格上升之后，再根据供需关系调整会子的印刷数量。如此，可解除通货膨胀的压力。”

除了向皇帝解释具体的操作方法，辛弃疾还表达了自己的隐忧，他担心执行者从中渔利，反而增加百姓的经济负担，于是，他又说：“恳请陛下下令，让各地官员立下条目，以查不法之人，若有人从中渔利，严加惩处，以儆效尤。如此一来，就会巩固会子在民间的使用频率，就能最大限度地发挥会子的长处了。”

辛弃疾的一番话说得有理有据，头头是道，让高高在上的皇帝听得十分满意。皇帝说：“爱卿既然有如此才能，不如来帮朕管管国家的钱粮事务吧!”说着当即擢升辛弃疾为仓部郎官。

仓部郎官这个职务主要负责国家粮食的储藏、供应和管理，虽然只是一个从六品的官阶，但关系到国计民生，所以也算是一个相当重要的职位。

不管怎样，辛弃疾这一年在仕途上有叶衡这样的贵人提携，他的工作能力获得了皇帝的认可，我们还是要由衷地为他感到高兴。

茶商叛乱　民间动荡

淳熙二年（1175 年）四月，南宋王朝的领土上发生了一起严重的内乱。一批贩私茶的商人在湖北的荆南地区起事了。这伙茶商起义队伍共有四百余人，以荆南茶商赖文政为首，他们从荆南向湖南进发，沿途连续把驻守在这一地区的南宋官军打败了好几次。

实际上，南宋茶商之乱不是一时一地的偶然事件，而是在湖广江西一带经常发生。早在高宗绍兴二十四年（1154 年），鼎州、澧州（今湖南常德、澧县）就发生过茶商武装团伙杀伤巡检官的事。绍兴二十九年（1159 年），江州瑞昌及兴国（今湖北阳新）也有茶商武装团伙出没。李心传（1166—1243）《建炎以来系年要录》载：

> （绍兴二十四年五月）丁卯，直徽猷阁、知荆南府吴坰主管台州崇道观，以坰引疾有请也。时鼎、澧茶寇猖獗，杀伤潭、鼎州巡检官，焚溆浦县。坰未受命，以忧死。左朝请大夫、荆湖北路转运判官程敦临被旨摄帅事，以策授兵马钤辖邵宏渊，且往招安，寇乃息。
>
> （绍兴二十有九年五月初四）丁巳，诏殿前司选差统制官一员，官兵千人，往江州驻扎，弹压盗贼，岁一易之，以江州之瑞昌及兴国军茶寇出没故也。

那么这些贩私茶的商人们为什么要起来造反呢？这与当时的茶叶专卖制度有关系。茶叶是南宋财政收入的重要来源之一，正因为如此，南宋严格控制茶叶买卖，向种茶的茶农和卖茶的商人收取茶税，实行“茶饮法”。“茶引”就是南宋茶叶许可证。商人凭“茶引”到茶园、茶户购买额定数量的茶叶，然后去贩卖。需要注意的是，南宋的“茶引”都是一次性的，买一道茶引只能售卖额定数量的茶叶。当时每道“长引”（期限一年）的价钱是 24 贯多，可贩卖 120 斤茶叶；每道“短引”（期限半年）的价钱是 23 贯多，可贩卖 100 斤茶叶。而每卖 1 斤茶叶，官府就要收取 200 多文的税费。加上其他的“番引钱”“过淮钱”以及储存运输等费用，每卖 120 斤茶叶，支付的税费高达 50 贯，平均每斤茶叶的税费达到 400 文。如果官吏违法克扣，贩茶的税费就更高。

在南宋政府不断提高茶税和茶引购买价格的情况下，茶商们只能铤而走险地走上偷贩私茶之路。然而，茶叶走私影响了南宋政府的财政收入，所以朝廷又对贩私茶的行为进行了非常严厉的打击。各地都设有关卡，对贩卖茶叶的商贩严加盘查。为了对抗政府的这些禁制，贩运私茶的商人便抱团结伙地上路，形成“横刀揭斧，叫呼踊跃”的武装护卫状态。慢慢地，茶商中间就产生了一种独特的武装力量——“茶寇”。宋孝宗时期，茶商武装活动达到高潮，已然成为南宋朝廷眼中的一大祸患。

话说赖文政领导的这支“茶寇”力量非常生猛。他们先从常德（宋属荆湖北路，今属湖南省）起事，不久就转入湖南。五月，南宋朝廷派出鄂州（今武汉）一支3 000人的正规军来湖北、湖南镇压茶寇。这是支由岳飞率领的部队改编而成的军队，也是南宋最精锐和最有纪律的军队之一，但是没想到竟然败于茶寇之手，让茶寇从湖北、湖南逃跑来到了江西境内。权兵部侍郎周必大上奏孝宗：“臣旧闻鄂州一军最号精锐有纪律者。今夏统制解彦祥、统领梁嘉谋、张兴嗣将三千人收捕茶寇，其间一胜一负，所不能免，但闻师行无法，至有十百为群，逃窜而归者。”赖文政只有四百来人，而官军有三千人，却只能打个平手。朝廷的正规军，不仅没有扼住茶商武装的势头，反而百十为群地逃窜。此时南宋官军纪律之涣散、战斗力之孱弱，可见一斑。

此时，南宋朝廷又命令鄂州、江州（今江西九江）两地的驻军，要他们找准机会收捕这帮茶寇，朝廷说得很明白，“能讨则讨，可招则招”，但是两地驻军还没来得及出动，这帮茶寇就已经过了吉州（今江西吉安）、赣州（今江西赣县），穿越大庾岭进入广东。广东的提点刑狱林光朝不等朝廷下令，便调集当地的“摧锋军”进行镇压，茶寇们抵挡不过，又折回江西。

回到江西的茶寇就盘踞在吉州永新县，占禾山险要之地为据点。赖文政极为聪明地把自己的队伍分散为一支支小分队，以便于在山林中隐藏出没。同时，他还懂得借助当地百姓的力量对抗政府军队。他常常派人给穷困的百姓送钱粮，帮助百姓对付欺压他们的驻军官兵，所以，老百姓自然而然地把赖文政他们当成自己人，经常帮着赖文政通风报信，成为茶商队伍的天然岗哨。

这时候，江西官府按照朝廷下达的命令，立即派遣江南西路兵马副总管贾和仲前去讨伐茶寇。贾和仲是一员作战经验丰富的老将，曾与金人在战场上厮杀过，立下过不少战功。江西官府本以为老将出马一个顶俩，没承想他竟然吃了败仗。原来，老将贾和仲率兵刚刚到达永新县，就有老百姓把消息带给了禾山上的茶寇。就这样，当贾和仲连夜指挥将士入山搜捕时，茶寇们早已凭借熟悉地形的优势，做好了一切部署。就这样，官军相当于进入了茶寇的包围圈，还没反应过来就被打得落花流水了。而后，贾和仲改用招安之策，可茶寇们这次选择了诈降，他们虚立旗帜为疑兵，由小路偷偷溜走，过了两天才被发现。

与茶寇两次较量，贾和仲都输得很难看，最后还因此被朝廷罢官。江西安抚使汪大猷也受到降职处分。

就这样，前前后后，朝廷陆续集结江西、湖北多路禁军、弓手、保甲民兵一万多人组成官方讨伐军，不断地讨伐赖文政领导的茶寇，可是却屡屡失败，江南西路提点刑狱连续换了三个，多名军官受伤或者逃跑，还是没能打败赖文政。

等到六月，茶商武装运动有愈演愈烈的趋势。至此茶商反叛，已然成为南宋朝廷心中大患，搅得皇帝赵昚日夜难安。

赴任江西　讨捕茶寇

六月的某天，南宋朝廷派出上万兵马围剿茶寇惨败的消息传到了朝堂。皇帝赵昚为此非常恼火，他对群臣一顿大骂，责令大臣们必须想出解决办法。

正当朝野上下面面相觑之时，宰相叶衡出列了，他跪拜道："万岁，臣要推荐一人。微臣认为若要平息江西茶寇，非此人不可。"

"哦，爱卿所言何人也？"皇帝问。

"正是现在的仓部郎官辛弃疾！"叶衡神色坚定地说。

对呀，辛弃疾不是一直想上战场吗？他不是有很多用兵方略吗？那就让他去镇压这些茶寇吧！赵昚这么一想，当即宣旨任命辛弃疾为江西提点刑狱，节制诸军，讨捕茶寇。

就这样，辛弃疾在仓部任职才半年，又被调往江西了。

七月，辛弃疾到达赣州。上任之后，辛弃疾首先认真分析了朝廷部队此前失败的原因，他觉得主要有四个方面：一是朝廷的正规部队大部分比较适应平原作战，而在深山密林里，穿着沉重的铠甲又拿着沉重的武器，行动很不方便；二是茶寇信息灵敏，有百姓帮他们监视政府军队的一举一动；三是参与叛乱的茶商们心里知道叛乱是犯了死罪，被官军抓住就是死路一条，所以作战异常凶猛顽强；四是政府部队中的老、弱士兵比较多，战斗力不强。

根据以上四点原因，他做了四步战略计划：第一步，先对乡兵进行了调整。他抽调了赣州、吉州以及湖南郴州、桂阳等地的乡兵和弓手，把其中老弱病残不堪作战的士兵一律淘汰，选出身强体壮的壮丁编排入伍；第二步，把编排好的各支队伍分派到各个交通要道把守，蹲守茶寇；第三步，征调安福、永新诸县的土豪，因为他们熟悉当地的地理状况，令他们率领所部乡丁，深入山区搜捕茶寇；第四步，令鄂州、荆州的政府军趁着茶寇疲惫之机，在敌后围追堵截，进行剿杀。

在辛弃疾的周密布局下，官兵们在与茶商军的交手中很快就占据了上风。几次较量，茶商军都吃了败仗。赖文政意识到辛弃疾与前几任官员不一样，是个很难对付的厉害角色，于是他和其他人商量："打不过，咱们就跑吧！"

"跑吧！"众人纷纷附和。夜黑风高之夜，赖文政带着茶商军悄悄地钻出山林。岂料刚出来没一会儿就遭遇了官兵的堵截，激烈交战之后，茶商军损失惨重，只好再次逃回山林。经过这一番折腾，茶商军内部已经人心惶惶。辛弃疾见招降的时机已经成熟，于是派兴国尉黄倬到茶商军军营去劝降。赖文政此时也无心恋战了，他本是一个普通商人，一辈子老老实实做买卖，只是因为官府与民争利太甚，才迫不得已走上了这条反抗之路。他们这支队伍之所以在之前屡战屡胜，是因为遇到的对手腐败不堪。如今遇到辛弃疾这样的高人，他们若再顽固抵抗，只能是以卵击石，不自量力。为了众人的前程，赖文政决定亲自去辛弃疾军营中投降。

见到赖文政的那一刻，辛弃疾心中有点诧异。与想象中凶神恶煞的模样不一样，这个衣衫褴褛的老者看起来颇为儒雅。更让他意外的是，对方竟然有胆量只身前来。一时间，辛弃疾对赖文政竟生出几分敬重。

辛弃疾叹息说："你们本该安心经商，却起事成贼，祸乱朝廷，走到今天这一步，实在不该啊！"

赖文政却风轻云淡地说："辛大人此言差矣，我经营茶庄四十余年，一直本本分分，兢兢业业，可惜官府巧立名目，横征豪夺，为了维护众茶商

的利益，我们不得已才走了这一步。”

辛弃疾明白赖文政说的是实情，可他站在朝廷立场上不得不反驳：“近来国库空虚，不得已加大赋税，这是与金人交战遗留下的问题。而你们怎能为了私利而祸乱地方安宁？既然有这样的能耐，何不投身军营，保家卫国？”

听到这些话，赖文政不禁哈哈大笑，他略带嘲讽地说：“辛大人好胸怀！可我等区区小民，日日辛苦奔波，只求全家有个饱腹。民生艰难如此，朝廷还要与民争利，这样的朝廷有何保卫的必要？”

辛弃疾一时语塞。他多年辗转于官场，深知官员们结党营私，尸位素餐的情况。为此，他心里时常焦急，担心长此以往，恢复一事遥遥无期。所以，这一刻听到赖文政激昂慷慨的陈词，辛弃疾心中仿佛受到雷激电刺，他没想到自己竟然沦落到要用平戎之策来对付这些被逼无奈的普通百姓。

辛弃疾和赖文政之间后来还进行了哪些对话，其实已经不重要了。我们需要知道的是，赖文政最后要求用自己的生命换取了茶商武装队伍全体的安全。在他被杀后，茶商队伍残部一部分被编入鄂州都统制皇甫倜的部队当中，另一部分被遣送回家。

历时半年的茶寇之乱就此平息了。消息很快就传到皇帝赵昚那里。赵昚非常高兴，还当着文武百官的面特别表扬辛弃疾，说："辛弃疾捕寇有方，当议优与职名，以示激劝。"于是，辛弃疾在江西提点刑狱这个职位之外，又多了一个从六品贴职：秘阁修撰。

辛弃疾并没有因为朝廷的封赏而沾沾自喜，相反他有些心事重重。在平定茶寇期间，他深切感受到南宋军队战斗力之低下，一千人中间只有十几个勉强可以上战场，他也感受到南宋政府和百姓之间暗流汹涌的阶级矛盾。以这样的状况，朝廷什么时候才有希望收复中原呢？可他人微言轻，又能怎么办？只能在自己的职位上，尽可能地多做些利国利民的实事罢了。

有一次，辛弃疾因公干路过赣州万安县造口镇，见那里还留有"废池乔木，犹厌言兵"的景象，不由得想起一段往事。四十多年前，宋高宗的婶母隆裕太后为躲避金人追捕，逃难到吉州。

谁知金兵的速度极快，很快打进吉州，当地百姓来不及逃跑就遭到金兵蹂躏。隆裕太后仓皇逃至万安县，在造口弃舟登陆，再狼狈逃至赣州。而那些护送隆裕太后的官兵听说金人来袭，吓得立即溃散，后来干脆到附近各地去做土匪，打家劫舍，成为赣吉一带经久难除的一大祸患。辛弃疾认为如果朝廷不积极备战，这里的百姓还会遭受同样的灾难。

然而，这时朝廷的主战派老臣虞允文已经离世，欣赏提携自己的叶衡也于九月被罢相，就连有恢复中原之心的皇帝赵昚也因太上皇的压制，对抗金北伐难有行动。朝野内外，又一次陷入偏安一隅的状态中。

从思绪回到现实，辛弃疾站在隆裕太后当年弃舟逃跑的渡口，一时间触景伤情，百感交集，满腔愁闷无处倾诉，于是化作一首含血带泪的《菩萨蛮·书江西造口壁》：

郁孤台下清江水，中间多少行人泪。西北望长安，可怜无数山。　青山遮不住，毕竟东流去。江晚正愁余，山深闻鹧鸪。

如今，郁孤台依旧高高耸立在赣州的西北角，郁孤台下的清江水仍旧波澜不惊地流逝着，可是谁还会在意当年那些逃亡者的眼泪，谁还会想着被金人霸占的西北中原？只有辛弃疾心中的忧愁，伴随着深山里鹧鸪的啼叫，在落日的余晖里不断被放大。

第四章
别有人间行路难

宦游湖海　一心为公

淳熙三年（1176 年）秋冬之际，辛弃疾由江西提点刑狱改任京西转运判官。但是到任未满半年，他又于淳熙四年（1177 年）春，被任命为江陵知府兼湖北路安抚使。这是辛弃疾首次执掌一路军政大权，成为一名不折不扣的封疆大吏。

江陵就是古荆州，这里地理位置十分重要，因此南宋朝廷向来只派遣重臣来镇守江陵。当时南宋官场流传着一种说法，只要当上江陵知府，就意味着日后一路高升。辛弃疾的好友叶衡就曾任职江陵知府，后来还做了宰相。所以，对于一心想成就一番大事业的辛弃疾来说，被调任江陵知府兼湖北路安抚使绝对是他施展才能的一个好机会。

辛弃疾自己也确实很珍惜这次机会，甫一上任就施展铁腕，治理好湖北多年来盗贼猖獗的问题。据史料记载，在辛弃疾上任之前，湖北境内的治安状况非常糟糕，盗贼们经常团伙作案，明目张胆地盗窃、抢劫老百姓的财物，以至于吓走了很多外地的客商。辛弃疾采用治乱世用重典的办法，实行“得贼辄杀，不复穷究”的政策，也就是说，只要抓到盗贼，不用审讯，直接杀头。这个政策一实施，效果立竿见影。盗贼都不敢出来作乱了，湖北境内的治安环境越来越好，老百姓对此是拍手称快。

打击走私行为，是辛弃疾任职江陵知府期间干的又一件大事。湖北一带因靠近宋金边界，治安环境一向比较混乱，这里的走私和武装活动非常频繁，此前的茶寇反叛就源于此地。当地商贩经常用耕牛和战马走私茶叶、牛皮、竹箭等物品，在江淮地区进行买卖交易。还有的商贩把运输货物的战马、耕牛也一并卖给了金人。这种走私行为不仅严重损害了南宋的利益，还变相地为金朝提供了军需物资。当地政府虽然多次严厉打击走私活动，但受利益驱使，走私活动屡禁不止。

辛弃疾到任后马上采取了强有力的措施来打击走私行为。他首先制定法令，凡是私自运输物资到金朝售卖的，一律按通敌罪处理；凡是知情不报，或为走私活动做向导，或帮忙运输，或跟不法商贩勾结者，一律按照贩卖军用物资罪处理。同时，辛弃疾又鼓励百姓检举揭发走私行为，凡是检举属实者，都有相应的奖赏。在严厉的法律制约下，湖北的走私活动得到遏制，当地民众无不叹服。

就在辛弃疾忙着治理盗贼、打击走私活动的时候，他的一位朋友却来向他辞行。这位朋友接到了朝廷的调令，不日就要启程去汉中抗金前线担任军事要职。辛弃疾得知消息后非常高兴，也非常羡慕，于是他欣然写下一首《满江红》向朋友赠别：

汉水东流，都洗尽髭胡膏血。人尽说君家飞将，旧时英烈。破敌金城雷过耳，谈兵玉帐冰生颊。想王郎结发赋从戎，传遗业。

腰间剑，聊弹铗。尊中酒，堪为别。况

故人新拥，汉坛旌节。马革裹尸当自誓，蛾眉伐性休重说。但从今记取楚楼风，庚台月。

自南渡以来，辛弃疾梦寐以求的始终是率兵北伐，与金人决战，或是做一些与抗金事业有直接关系的工作，但南宋朝廷却一直不敢重用他。如今，虽说在地方上做到了一路的军政长官，但抗金杀敌，收复中原才是他的根本意愿。所以，在朋友要去抗金前线的前夕，他郑重地将自己未能实现的愿望托付给对方，勉励其“马革裹尸当自誓，蛾眉伐性休重说”。

送走朋友之后，辛弃疾也暗自宽慰自己：“既然无法上阵杀敌，不如就安安分分地做好这个江陵知府吧，能造福一方百姓，也不负此生了。”怀着这样的心态，他准备在江陵大展拳脚，好好实践自己的政治抱负。

一切本来进行得很顺利，辛弃疾甚至设计好江陵未来三年的发展蓝图。不承想，一桩军民冲突的案子却为他的政治生涯埋下祸根。

这年冬天的某一天，江陵知府衙门突然被老百姓围了个水泄不通，原来是有人状告江陵驻军中统制官率逢原纵容部下殴打当地百姓。为了平息民怨，辛弃疾亲自审理了这个案子。

经过了解，辛弃疾得知江陵驻军官兵素来恃强凌弱，经常与百姓发生冲突，像殴打百姓这样的事情已经不是第一次发生了。可每次报给率逢原，率逢原都说是刁民闹事，他的手下不过是自卫反击。

愤怒之下的辛弃疾把率逢原招来当面问话，岂料，此人不仅矢口否认兵卒殴打百姓，反而诬告百姓干扰兵卒训练。而后，率逢原不等辛弃疾吩咐，自己就大摇大摆地走出江陵府衙。

盛怒之下的辛弃疾下令缉拿殴打百姓的兵卒，可身边的一名小吏却劝道："大人，万万不可。"

"这是为何?"辛弃疾不禁诧异问道。

"率逢原此人来历可不简单，他不仅与朝中众多大臣有交情，还与当今圣上的内侍们有联系，若因此事与其结怨，大人以后在朝中的日子恐怕不好过了。"小吏说。

"多谢好意提醒。可是这种行为一再纵容下去，最终也会影响朝廷在百姓心中的信誉。我相信只要对皇上禀明此事，皇上定会严厉处理率逢原。"辛弃疾说。

小吏欲言又止，最终还是什么都没说。而辛弃疾果然惩处了兵卒替百姓出了口气，并且将此事上报朝廷，希望朝廷对统制官率逢原从严处置。

然而，辛弃疾终究错判了皇帝的态度。他的奏章不仅没有告倒率逢原，反而害了自己。他被朝廷认为不能妥善处理与驻军的关系，遂被调离了江陵，改任江西隆兴府（今江西南昌）知府兼江西安抚使。

个人永远左右不了环境。踌躇满志的辛弃疾纵然有再多的不甘心，此刻也只能黯然地离开江陵。

屡被调动　羁旅惆怅

又要出发了！

这一次要从江西隆兴府出发，前往临安做大理少卿。距离上一次离开江陵的时间只有短短三个月。当朝廷的诏令传来时，整个江西官场都惊呆了，辛弃疾大概是有史以来最短命的隆兴府知府兼江西安抚使了吧！

震惊之余，江西的官员们也为辛弃疾感到惋惜。虽然在这里待的时间不长，但辛弃疾已为这里的百姓干了两件大好事：一是惩办了知兴国军的地方官黄茂材，此人不顾当地连年水旱灾害，谎报粮食丰收，为自己招揽政绩，结果饿死了当地成千上万的百姓。二是为丰城（今属江西宜春）修建了两处石埽（用秫秸修成的堤坝或护堤），以便在洪水泛滥时候截住奔涌的激流。如果他能在任上多干几年，一定能做出更多的民生工程。

临行前，江西京西湖北总领司马倬、江西转运副使王希吕等人为辛弃疾设宴送别。席间，大家畅叙离别之情，不知是谁突然提及前枢密使王炎前不久因病去世一事，于是众人又纷纷为王炎生前的遭遇而感慨。王炎，字公明，安阳（今河南安阳）人。年轻时游学庐山东林，勤奋有才名。宋孝宗乾道五年（1169 年）二月，除参知政事，兼同知枢密院事。淳熙元年（1174 年）十二月，王炎知潭州（今湖南长沙）兼湖南安抚使，但不到半年，就被汤邦彦告以“欺君之罪”，于是被罢官贬至“袁州（今江西宜春）居住”。淳熙三年（1176 年）十二月，王炎“欺君”的罪名终于被解除，他被朝廷任命为资政大学士，知荆南（辖今湖北西部、四川东部十余县市），再次掌控抗金的西部战略要地。谁知，复出仅一年，王炎就病逝了。在众人感慨之际，司马倬写了一首以《水调歌头》为牌的词。辛弃疾随即也写了一首《水调歌头》，以抒胸臆：

我饮不须劝，正怕酒尊空。别离亦复何恨？此别恨匆匆。头上貂蝉贵客，苑外麒麟高冢，人世竟谁雄？一笑出门去，千里落花风。　孙刘辈，能使我，不为公。余发种种如是，此事付渠侬。但觉平生湖海，除了醉吟风月，此外百无功。毫发皆帝力，更乞鉴湖东。

此词由频繁的调任和朝内门户之争而发。上阕就饯宴切入，点出别离。随即一转，贵人黄土，人生如梦，大可一笑出门，坦然处之。下阕借古讽今，抨击世俗，自明节操。“但觉”以下，实牢骚不平语。既难挽狂澜，不如归隐林泉。通篇貌似旷达，实则语含讥讽，悲愤无限。众人读罢，都觉心中惨然，只能岔开话题，讲些轻松的话语宽慰辛弃疾。

尽管同僚、好友们百般劝解，可是辛弃疾内

心的心结仍旧无法打开。在离开江西前往临安的路上，他又想起近两年来自己的四处奔波，与好友的频频分别，不禁愁肠满怀，写下一首《鹧鸪天·离豫章别司马汉章大监》：

> 聚散匆匆不偶然，二年历遍楚山川。但将痛饮酬风月，莫放离歌入管弦。　萦绿带，点青钱，东湖春水碧连天。明朝放我东归去，后夜相思月满船。

词里述尽辗转迁徙之苦。然而，他不会想到这种辗转之苦不过刚刚开始而已，在此后的几年间，他曾“历遍”过的山川还会一一与他重逢。

果然，担任大理寺少卿仅半年，辛弃疾就因受朝中重臣的排挤，于淳熙五年（1178 年）秋天被外调湖北担任湖北转运副使。

离开临安的那晚，躺在船舱里的辛弃疾久久难眠。他披衣走出船舱，望着深蓝的夜空以及夜空下起伏的山峦，不禁倍感孤独。那一刻，他无比想念自己的家，想念自己的结发妻子范如玉。自成婚以来，夫妻二人长期分隔两地，尤其近几年因为自己调动频繁，竟然连家书都不能常寄了。

在这样的夜晚，她是否跟我一样难以入眠，是否对我有所抱怨？越思量越难受，于是他情不自禁为妻子写了这样一首词：

万万千千恨，前前后后山。傍人道我轿儿宽。不道被他遮得望伊难。　　今夜江头树，船儿系那边。知他热后甚时眠？万万不成眠后有谁扇？（《南歌子》）

这种离愁别恨何时能到头呢？辛弃疾期盼着自己在湖北任上可以多待些年头，以便妻儿也能过来常住，一家人可以团圆。

然而，心愿难遂。在湖北待了不到半年时间，辛弃疾又于淳熙六年（1179 年）三月，改任湖南转运副使。这种频繁的调动世所罕见，对辛弃疾来说，简直是一种精神上的酷刑。

临别的酒又要端起来了。这不，辛弃疾的同僚王正之在小山亭内置办酒席为他饯行。当时正值暮春时节，小山亭外落红满地。几杯酒下肚后，辛弃疾望着满地凋零的花瓣，不禁愁苦难抑，写下一首流芳百世的词作：

淳熙己亥，自湖北漕移湖南，同官王正

之置酒小山亭，为赋。

更能消几番风雨？匆匆春又归去。惜春长怕花开早，何况落红无数。春且住。见说道天涯芳草无归路。怨春不语。算只有殷勤，画檐蛛网，尽日惹飞絮。　　长门事，准拟佳期又误。蛾眉曾有人妒。千金纵买相如赋，脉脉此情谁诉？君莫舞。君不见玉环飞燕皆尘土！闲愁最苦。休去倚危栏，斜阳正在，烟柳断肠处。（《摸鱼儿》）

这是一首伤时之作。17 年前，辛弃疾怀着抗金北伐的豪情壮志来到南方，可是这些年来，他始终不得重用，近三年内甚至被连续调动 6 次。眼看自己已经年满 40 岁了，然而，北伐的梦想却遥遥无期。如此，他怎能不伤感？

其实，在这个羁旅漂泊的人生阶段里，辛弃疾已经隐隐有了退居田园的心思。这期间，他有一首词是这样写的：

过眼溪山，怪都似旧时相识。还记得、梦中行遍，江南江北。佳处径须携杖去，能消几緉平生屐。笑尘劳、三十九年非，长为客。　　吴楚地，东南坼。英雄事，曹刘敌。被西风吹尽，了无尘迹。楼观才成人已去，旌旗未卷头先白。叹人间哀乐转相寻，今犹昔。（《满江红·江行，和杨济翁韵》）

从南归之初任江阴军签判，到出为湖南转运副使，其间，辛弃疾先后流落吴江，任建康府通判，迁司农主簿，做滁州知府，辟为江东安抚司参议官，又迁仓部郎官，出任江西提点刑狱、江西安抚使、大理寺少卿、湖北转运副使……十七年来调动频繁，宦迹多处，以至于眼前本来陌生的山水，也让他有了似曾相识之感。

从北到南，从意气昂扬的少年到历尽沧桑的中年，前尘往事，恍如梦境。奔波宦途，浮浮沉沉，他感到累了、倦了。所以，他要劝自己，功名不值得，不如纵情山水吧。

盗贼札子　为民发声

五月，辛弃疾来到湖南任职。虽然心中有苦闷的情绪，也有隐逸的念头，可是一旦踏上履新的土地，苦闷和逃避的心理就会被强烈的社会责任感所代替。因而，无论在哪一个地方做官，无论能干多久，他始终都是认认真真地履行自己的职责，竭尽全力为朝廷分忧解难，为百姓谋求福利。此次来湖南也不例外。

甫一上任，辛弃疾就对湖南的农民暴动事件上了心。这一年，郴州农民陈峒因不满官府无偿勒索农民粮食，带头成立起义军，反抗当地政府。起义军攻克道州（今湖南道县）、桂阳军（今湖南桂阳）、连州（今广东连州）等地的多个县城，汇聚了数千人马。起义军穿梭在山林中，用自制的手炮、礌石等武器，多次打败官兵。

声势浩大的湖南农民起义震惊了朝野，孝宗皇帝命令湖南安抚使王佐亲自率兵征讨，并调拨荆鄂军队供他派遣，又命地方豪强武装及广东摧锋军与其配合。最终，在各路官军与当地地主武装联合镇压下，农民起义军被剿灭，陈峒被俘处死。

当朝廷上下沉浸在起义军覆灭的喜悦中时，辛弃疾却依然忧心忡忡。虽然陈峒死了，但是谁能保证以后不会有李峒、王峒冒出来呢？

果不其然，广西紧接着就爆发了李接起义。李接起义军在广西容州陆川县（今广西陆川）城内张贴榜文，宣布十年不收赋税，他们还打开官府及地主豪绅家的粮仓，救济贫民。这些做法得到了广大农民的热烈拥护，短短数月起义军队伍发展壮大，他们甚至尊称李接为“李王”。

对于李接起义，朝廷又一次采取了铁血手段进行残酷镇压。然而，辛弃疾却深知，用镇压的手段来对待农民起义，只能解决表面问题。两湖、两广一带的起义队伍人数达到数万之众，为什么有人振臂一呼就能得到成千上万人的响应？为什么他们冒死也要发动起义？若不思考这些问题，从根源上解决基层民众与政府的矛盾，农民起义将如野草一样，烈火烧不尽。

因为之前处理过茶寇叛乱事件，辛弃疾对反叛者的心理或多或少有些了解。再加上这几年宦游湖海，遇到不少百姓向他诉说生计之艰难，辛弃疾深切体会到底层百姓之痛苦。如果说，此前茶寇反叛是因为官府与商人争利，那么陈峒、李接起义就完全是因为农民实在活不下去了。

可是一次次的农民起义并没有引起朝廷的反思，当权者们反而对百姓愈加苛责。辛弃疾认为这是上面不能体会民间疾苦的缘故。于是，他决定上书反映实情，替老百姓说句公道话。

于是，一封题为《论盗贼札子》的奏疏出现在皇帝赵昚的面前，让他眼前一亮。这正是他日夜忧心的事啊！这回辛弃疾会有什么好的点子呢？

> “臣窃惟方今朝廷清明，法令备具，虽四方万里之远，涵泳德泽如在畿甸。宜乎盗贼不作，兵寝刑措，少副陛下厉精求治之意。而比年以来，李金、赖文政、姚明敖、陈子明之变，皆能攘臂一呼，聚众千百，杀掠吏民，死且不顾，重烦大兵翦灭而后已，是岂理所当然者哉？”

是啊，自登基以来，赵昚自认为自己宽养民力，为什么民间起义还这么多呢？辛弃疾在奏折中指出，这是大臣没有恪尽职守的缘故。辛弃疾引用唐太宗与群臣论盗的例子，借唐太宗之口说明：百姓为盗，无非是因为“赋繁役重，官吏贪求，饥寒切身”，若是轻徭薄赋，减少赋税，再选用清廉的官员，使百姓丰衣足食，百姓也就不会为盗。

接下来，他将自己在民间探查到的实情和盘

托出，比如，他到任湖南之初，就遇到百姓拦路哭诉生活的困苦，才二三月份当地官吏就要催缴夏天的赋税；还有一些官吏出低价购买百姓的东西，甚至逼迫百姓走向绝路……百姓惨遭地方官吏盘剥，而贪官酷吏却得不到任何惩罚，这才是导致百姓造反的原因。赵昚看到这里，又惊又怒，连连拍案。

接着，辛弃疾指出这些年来五谷丰登尚且有农民起义，一旦遇到洪涝和旱灾，后果将更不堪设想。他希望皇帝能够深思这个问题，从长远角度思考怎样不使盗贼出现，而不是利用重兵镇压。

> "臣孤危一身久矣，荷陛下保全，事有可为，杀身不顾。况陛下付臣以按察之权，责臣以澄清之任，封部之内，吏有贪浊，职所当问，其敢瘝旷，以负恩遇！自今贪浊之吏，臣当不畏强御，次第按奏，以俟明宪。庶几荒遐远徼，民得更生，盗贼衰息，以助成朝廷胜残去杀之治。但臣生平则刚拙自信，年来不为众人所容，顾恐言未脱口而祸不旋踵，使他日任陛下远方耳目之寄者，以臣为戒，不敢按吏，以养成盗贼之祸，为可虑耳。"

读到这里，赵昚心里生出了久违的感动。他想起两次召见辛弃疾的情景，此人虽然耿介得有点不识时务，可是这个人文韬武略，忠君爱国，确实是一等一的好官。更难得的是，他这种为民请命的态度是如此坚定，即便在官场受到排挤，即便是感到“孤危一身久”，也仍然“杀身不顾”，恳切上书。

> “伏望朝廷先以臣今所奏，申敕本路州县：自今以始，洗心革面，皆以惠养元元为意。有违弃法度、贪冒亡厌者，使诸司各扬其职，无徒取小吏按举，以应故事，且自为文过之地而已也。臣不胜幸甚。”

辛弃疾最后希望皇帝能够严令各级官吏悔过自新，并严惩那些违背律法、贪得无厌的官吏，给百姓创造一个安稳度日的环境。

赵昚非常重视辛弃疾这封奏折，他亲自批复辛弃疾：“今已除卿帅湖南，宜体此意，行其所知，无惮豪强之吏，当具以闻。朕言不再，第有诛赏而已。”

看来皇帝这次要真的重用辛弃疾了！果然一

个月后，辛弃疾就接到了朝廷的旨意，他由湖南转运副使晋升为潭州（今湖南长沙）知府兼湖南安抚使。

新的功业和机遇正在湖湘山水间等待着他。

治理湖南　建飞虎军

八月，辛弃疾在湖南潭州走马上任，再度担任一省的最高行政长官。可他所接管的湖南却是一个比当年的滁州还要糟糕的烂摊子。当时，湖南百姓饱受贼乱之苦，且他们手中的土地基本被地方豪绅掌握，再加上繁重的苛捐杂税和水旱之灾，百姓的生活苦不堪言。辛弃疾下定决心，一定要收拾好这堆烂摊子，让百姓的生活好起来。

事情需要一步步地来。辛弃疾上任后最先需要解决的是当年的饥荒问题。那年秋天，湖南的庄稼几乎颗粒无收，如何让老百姓吃饱饭成为湖南官场的一道难题。面对这道难题，辛弃疾给出了不一样的解题方法。经奏请朝廷批准，辛弃疾把前任守臣王佐所囤积的十万石官粮拿出来赈济灾民，不过，他没有直接下发粮食，而是命令各州郡招募百姓修筑陂塘，让饥民通过做工换取每日的口粮。这样既让真正需要政府救济的人吃上了饭，还顺带修建了水利工程。这一做法得到了朝廷的赞许。

饥荒问题解决后，辛弃疾又大力兴办教育，积极为底层知识分子提供上升的空间和机会，还利用手中职权弹劾当地贪官污吏，加强湖南的干部队伍作风建设，让湖南官场呈现出风清气正的新面貌。

更让当地官员百姓意想不到的是，辛弃疾上任不久就解决了他们头疼多年的乡社问题，那曾是影响湖南社会稳定的一大隐患。什么是乡社？通俗地讲就是由大地主、大财主之类的地方豪绅统领的民间武装组织。宋孝宗年间，湖南境内不少地方都有“乡社”，有的叫“弹压社”或者“缉捕社”，社内民户少则二三百家，多达五六百家。这些乡社其实是地方豪绅用以欺压乡民的工具。湖南各州县推行政令时，也常常因为遭遇乡社的抵抗而不能贯彻执行。

对于乡社问题，当时湖南的很多官员都认为应该把这些乡社全部解散。不过辛弃疾却提出了自己的顾虑：“如果强行解散乡社，难免会激化矛盾，甚至还会激起这些豪绅们群起反抗。”他主张按照各乡社平时的表现区别对待：那些平时表现良好，积极配合政府完成各项任务的乡社给予保留；那些欺压乡里，抵抗政府的乡社就一律取缔。此外，还要限制乡社规模，大的乡社不能超过五十家，小的则减半。保存下来的乡社无论大小，一律隶属于各县的巡尉，由各县县令统领支配，所有武器也由县政府检查管理。辛弃疾的想法得到南宋朝廷的认可，于是湖南各地的乡社得到了全面整顿，各地豪强的势力也得到了有力的打击和约束，湖南的社会秩序由此彻底好转。

乡社的问题虽然解决了，可是辛弃疾却想得更加长远：“乡社被整顿后，地方武装力量就变小了。如果以后再发生武装暴动，光靠薄弱的地方部队是很难打赢的。”于是他又给朝廷上书，告知自己的想法，并向朝廷提出在湖南建立一支新军队的建议。“乞依广东摧锋、荆南神劲、福建左翼例，别创一军，以湖南飞虎为名，止拨属三牙密院，专听帅臣节制调度，庶使夷獠知有军威，望风慑服。”他的意思是要依照广东摧锋军、荆南神劲军、福建左翼军的先例，在湖南建立飞虎军。

飞虎军隶属于枢密院和侍卫步军司，就近由湖南安抚使调度。

皇帝赵昚这些年被湖南层出不穷的民间起义搞得很头疼，他也有心建立这样一支队伍来维护稳定社会秩序，所以他非常痛快地支持了辛弃疾筹建新军的想法。

得到朝廷肯定的回复后，辛弃疾立即开始了紧张的建军行动。首先他利用五代十国时期楚王马殷的营垒旧基建造新的营房，并限期一个月完成。为了节约人工和原材料成本，辛弃疾调集全城在押囚犯，到潭州城北的驼嘴山去开采石料，并规定将根据各人供送的石料数量作为减刑的依据。为此，囚犯们个个争先恐后地参与石料开采工作，所需石材也如期凑齐。

与此同时，辛弃疾抓紧招兵买马。他在湖南各地广贴告示，招纳勇士。短短几十天的工夫，他就为飞虎军招募步兵 2 000 人，骑兵 500 人，且个个都是壮健勇武之士。买马的工作进行得也很顺利，500 匹战马已经从广西买了回来，并且广西的安抚使司还答应每年帮忙代买战马 30 匹，以补充军用。

辛弃疾这边正热火朝天地组建飞虎军，朝廷

那边却为此事起了很多谗言。有人在皇帝耳边说辛弃疾趁着筹建新军的机会大肆敛财。还有人说辛弃疾让囚犯参与军营建设，然后又把这些囚犯全部释放，分明是别有用心。更有人说辛弃疾建立飞虎军的目的，是为了巩固自己在湖南的权力，他想拥兵自重。

这样的负面消息听多了，皇帝不可能不起疑，尤其听说辛弃疾要拥兵自重，皇帝更是龙颜震怒，即刻发了一块“御前金字牌”，命令辛弃疾立刻停止新军的创建工作。

“御前金字牌”是宋朝时候专供皇帝传达紧急命令的谕旨。接到谕旨的官员必须立刻按照皇帝的命令办事。可眼看军营要修好了，队伍也基本成形了，难道要就此放弃吗？辛弃疾眉头紧锁，心情比下着雨的天空还要灰暗。

是停工，还是冒死坚持下去？辛弃疾毫不犹豫地选择了后者。他悄悄地藏起了金字牌，随即发布命令：“必须在原有的工期内完成军营的建设，否则军法处置。”

此令一出，底下的监办官可就犯了难了。监办官向辛弃疾诉苦道：“大人，最近阴雨不断，无法烧制瓦片，我们还需要 20 万片青瓦才能完工，您看这可如何是好?”辛弃疾告诉监办官不要着急，他自有安排。他令手下贴出通告：两日内，潭州城居民每户献瓦 20 片到军营工地，届时官府将补偿一百钱。二十片瓦等于一百钱，这笔账对于老百姓来说，简直太合适不过了。于是，一时间潭州百姓纷纷响应，两天之内所需瓦片如期凑齐。

飞虎军军营终于如期竣工。这时，辛弃疾才把军营的营造过程、经费来源及开支情况一一写明，连同飞虎营寨的图样，一起报告给朝廷。皇帝赵昚收到这封叙述翔实、图文并茂的奏章后，便打消了心中的疑虑。而那些诋毁辛弃疾的朝臣们也不好再说什么了。

辛弃疾终于可以名正言顺地训练飞虎军了。他似乎回到了“醉里挑灯看剑，梦回吹角连营”的时光。每天天刚蒙蒙亮，军营里就会响起集合的号角，当士兵们列队整齐地出现在训练场时，辛弃疾会例行训话，向士兵们严明军纪“扰民者轻则罚，重则格杀勿论”，勉励他们忠君爱国，报仇雪耻。他亲自督教，认认真真传授上阵杀敌的技艺。一招一式，均指向敌人的要害之处。每练一招，他都大喊一声“杀贼”，士兵们也跟着大喊“杀贼”，他们的喊声惊得鸟儿钻出树梢，振翅朝着高远的天空飞去。每个夜晚，他还会给士兵们讲解兵法战术，培养士兵们的军事理论素养。

经过日日夜夜严格训练，飞虎军士气旺盛，骁勇善战，成为当时沿江各地方军队中最精锐的一支。然而，这支军队的缔造者辛弃疾却在淳熙七年（1180 年）年底被调离湖南。

离开潭州那天，辛弃疾与上千名飞虎军官兵洒泪分别。从此，他再也没有机会带领这支威武之师奔驰沙场。可是他对飞虎军的影响却不会磨灭，他的精神、他的信念、他的虎威早就与这支铁血之师融为一体。据史料记载，金人称之为“虎儿军”，闻之十分畏惧。这支地方军前后维持了 40 年之久，守卫长沙沿线 30 多年，“雄镇一方，为江上诸军之冠”。

时光变迁，飞虎军军威常在，辛弃疾千古流芳。

临危受命　江西救荒

淳熙七年（1180 年）冬天，辛弃疾又一次以隆兴府知府兼江西安抚使的身份来到江西，这一次他是带着“任责荒政”的任务来的。

这一年，江南一带发生了严重的旱灾，其中以江西的情况最为严重。旱灾从春天持续到秋天，江西境内的土地上几乎颗粒无收，很多地方的百姓都断了口粮。每天都有灾民外出逃荒，等到这年冬天，逃荒的人群已经超出政府可以控制的范围。流动着的庞大灾民群体让南宋朝廷非常恐慌，他们生怕再出现茶商起义、陈峒起义等民间暴乱。

鉴于辛弃疾之前处理湖南灾荒问题的突出表现，所以皇帝赵昚命他火速前往江西主持救荒工作。临危受命的辛弃疾来不及与飞虎军的将士好好告别，就匆匆地离开了湖南。

时隔三年，再回隆兴（今江西南昌），一路上的景象让辛弃疾触目惊心。只见沿途州县饿殍遍野，就连树皮和草根都被衣衫褴褛的饥民啃挖干净了。饥民之间为争夺一只死老鼠相互纠缠厮打，更有人从狗嘴里夺食。一路的悲惨景象，让辛弃疾忧心如焚。刚到任所，他就命令当地官员火速来见，详细了解此前救灾的情况。

辛弃疾从当地官员口中得知，前任隆兴知府

张子颜一直在积极救灾，可惜成效不大。粮食一放出去就会被哄抢一空，最可恨的是奸商们又趁火打劫，故意囤积粮食，借机谋取高额利润。

辛弃疾愤怒之余，再次展现了他卓越的胆识和非凡的才能。他着人在隆兴所辖县域的大街小巷张贴告示，告示上只有八个字：“闭粜者配，强籴者斩。”这八个字意思很明显，凡是想要囤积粮食，哄抬粮价的，一律充军发配；凡是试图强行劫夺粮食，干扰正常赈灾工作的，一律斩首。这“八字方针”一出，一时间再无人敢顶风作案。江西岌岌可危的社会秩序也因此稳定下来。

紧接着，辛弃疾开始想办法采买粮食。当时江西各地为了保证本地饥民有粮食吃，各地行政长官纷纷采取措施，禁止外州县到本地买粮食。辛弃疾果断地撤销了这一措施，并号召各地区多方面开辟粮源。为解决隆兴府的粮食采买问题，他想出了“政府出资，民间采买”的办法。具体而言，就是把官库中的钱财和银器全都拿出来，作为购买粮食的本金。然后，号召隆兴府的官吏、儒生、商贾、市民保举一些精明能干的人承包粮食采买的任务。只要这些人一个月内能从外地买来粮食运回本府各县出卖，不但卖出的利润官府分文不取，官府借出的本金也不收利息。等粮食卖完，最后照原数把本金还给官府就行。

这是一桩稳赚不赔的买卖，吸引了很多商人主动来官府承包买粮任务。不久之后，果然就有源源不断的粮食运送到隆兴府各县区销售了。粮价由此大幅度地回落，隆兴府境内的粮食供应又回到平衡的状态。

隆兴府的粮食问题刚刚得到缓解，周边地区就有人找上门来求援了。这天，一封来自信州（今江西上饶）的求助信让隆兴府府衙内炸开了锅。原来信州府城内余粮告急，知州谢源明听说隆兴府运来很多粮食，便写信请求辛弃疾给予援助，借粮帮助他们渡过难关。得知来信意图后，一个幕僚当即站起来制止道："大人，借粮一事万万不可啊！眼下我们隆兴府的灾情还未完全解除，借出去之后，我们不够用怎么办?""是啊，大人，我们的存粮也不多啊。""大人，我们的粮食是拿官家的财物换回来的，私自借粮出去，恐怕也不合规矩啊!"众人七嘴八舌地纷纷附和。辛弃疾非常理解手下人的心情，大家好不容易才喘口气，怎么舍得把成果分给别人。可是难道要对信州百姓见死不救吗？

他一抬手，示意大家安静，然后沉稳而坚定地说："普天之下莫非王土，率土之滨莫非王臣。信州的百姓虽非我辖区之民，但他们也是大宋的臣民啊。我们不能因为地域不同，就对他们的求助袖手旁观。若是对他们如此无情无义，只怕皇上知道了也会怪罪我们的。"他的话说得有理有节，充满感情，让底下的幕僚们心服口服："辛大人的境界和格局，我等自愧不如。"

随即，辛弃疾差人给信州来人回话，并慷慨地把三分之一的粮船拨付给了信州，解决了信州的燃眉之急。

那一年，在辛弃疾的主持之下，江西的灾荒得到全面缓解。他的救灾举措赢得了江西境内各地官员的一致赞誉。而后，皇帝的嘉奖也来了，辛弃疾的官阶又进了一级，由宣教郎提升为奉议郎。

雨洗花林，春回柳岸，转眼又是一年。江西在经历了一次大灾荒后，正处于百废待兴的状态。辛弃疾每天都很繁忙，以至于无暇去了解自己在带湖的新居建得怎么样了。

带湖位于信州城北一里处，是一个衣带形的狭长湖泊，湖水清澈可爱，湖边有一片旷地，可以一览远山风光。辛弃疾有一年路过此地，一眼就相中了这块风景秀美，环境清幽的地方。刚好，他和家人一直居无定所，正需要一个安家置业的地方。于是他就把这片土地买了下来，还给这个湖泊取名曰“带湖”。而后，辛弃疾根据带湖的地势面貌亲自设计了“高处建舍，低处辟田”的庄园格局，并着人严格按照他的设计营建新居。

淳熙八年（1181 年）春天，翰林学士洪迈来隆兴府看望辛弃疾。洪迈，字景庐，号容斋，又号野处，饶州鄱阳（今江西鄱阳）人，南宋著名的文学家。洪迈出生于一个士大夫家庭。他的父亲洪皓、哥哥洪适，都是著名的学者、官员。几十年前，洪皓曾奉命出使金国，被金人扣押了 15 年，几经辗转才回到南宋。几十年后，南宋朝廷又想派使臣去金国时，洪迈主动请缨承担了这个使命。

洪迈到了金国，金世宗见南宋国书不称臣，且用辞不逊，先令洪迈更改，洪迈不从；后又命他朝见时行臣礼，洪迈也坚持不从。结果，洪迈被金人反锁在使馆中，连续三天不给饭吃不给水喝。直到金国左丞相张浩出面求情，他才被遣返回去。听说了洪迈这段经历后，辛弃疾对其充满了敬重。洪迈也对辛弃疾“壮岁旌旗拥万夫”的经历很佩服。所以，二人一见如故，成了无话不谈的忘年之交。

如今，辛弃疾坐镇江西处理荒灾事宜，洪迈特意从老家鄱阳赶来与之相聚。把酒言欢之余，辛弃疾兴致勃勃地把带湖新居的图纸拿了出来，详细地向自己的老朋友介绍。他对洪迈说：“人生在勤，当以力田为先。”所以，他特别看重庄园里的那片稻田，并在稻田旁边建了一座书房，取名为“稼轩”，以后自己也将以“稼轩居士”自称。他还请洪迈为自己的新居写一篇文章以作纪念。洪迈欣然答应，不久之后，就写下传世美文《稼轩记》，使世人能够通过他的文字，一窥“稼轩”的概貌，感受辛弃疾的人格魅力。

这年秋天，辛弃疾心心念念的带湖新居终于建成了，可是他正被公务缠身，无法前去享受田园之乐。为此，他写了一首《沁园春·带湖新居将成》表达内心的遗憾：

> 三径初成，鹤怨猿惊，稼轩未来。甚云山自许，平生意气；衣冠人笑，抵死尘埃。意倦须还，身闲贵早，岂为莼羹鲈脍哉。秋江上，看惊弦雁避，骇浪船回。　　东风更葺茅斋。好都把轩窗临水开。要小舟行钓，先应种柳；疏篱护竹，莫碍观梅。秋菊堪餐，春兰可佩，留待先生手自栽。沉吟久，怕君恩未许，此意徘徊。

说来也很有意思，这首词写完没过多久，他就接到了罢官的旨意。他不必再沉吟，再徘徊了，可以直接回带湖新居亲手栽种秋菊、春兰了。

一切像是天意使然，当他被朝廷抛弃的时候，山水田园的诗意生活稳稳地接住了他的人生。

第五章
带湖买得新风月

官场失意　回归田园

木秀于林，风必摧之。辛弃疾这几年的政绩太过耀眼了，无论朝廷推给他多大的烂摊子，他都收拾得干干净净，并且能让那里重新焕发光彩。从滁州到湖南再到江西，辛弃疾去了哪里，哪里就会气象一新。这不得不让人佩服，让人欣赏，让人赞叹。当然，更会让人羡慕嫉妒恨。

任何朝代，任何行业，只要存在利益之争，人与人之间就难免存在攀比和嫉妒，进而相互构陷和伤害。如果辛弃疾当时遇到的政敌都是君子，那么他可能会幸运地避开这种伤害，人生的下半场说不准还能干出更多惊天动地的大事。可惜，世上小人常有。

辛弃疾在淳熙年间的表现过于出色了，以致增长了很多人对他的嫉妒之心，捕风捉影地编排出很多关于他的诽言谤语。到淳熙八年（1181年），关于他的小道消息传得越来越多，越来越恶劣了，比如说他结党营私、贪污腐败。就连他的朋友、著名学者陆九渊都写信过来，痛陈贪官污吏为非作歹的种种罪恶，对他加以告诫。对此，辛弃疾真是感到无可奈何。

那年冬天，辛弃疾刚刚由江西安抚使改任两浙西路提点刑狱公事，就有人按捺不住，跳出来对他进行了极具恶意的弹劾。其中，一名叫王蔺的官员对辛弃疾的弹劾最为严重，他在弹章里说辛弃疾在湖南时候虐害乡里，奸贪凶暴，说他“用钱如泥沙，杀人如草芥”，还把辛弃疾偷藏金字牌修盖飞虎营的事情说成“凭陵上司”。更可气的是，此人竟然私下搜集辛弃疾与南宋部分官员的往来书信，并污蔑他缔结同党，广收贿赂。王蔺的弹劾犹如一颗炸弹，炸毁了辛弃疾本应平坦的仕途。

面对小人的弹劾，辛弃疾心里一直是坦坦荡

荡的。他始终坚信朝廷一定相信他的清白，一定会给他辩驳的机会。然而，他没有等来解释的机会，等来的却是朝廷毫不留情的罢官。

这年年底，南宋朝廷不仅罢免了辛弃疾的行政职务，还削去了他“右文殿修撰”的贴职。辛弃疾万万没想到自己怀着一颗火热的心来做事，却得到一个如此冰凉的结局。

冬天有多冷，辛弃疾就有多心寒。

罢官那一天，他似乎将所有的豪情壮志和报国热情都放下了。也是从那一天开始，辛弃疾政治生命停止了，在未来的二十多年里，除了一段短暂的官宦生活之外，他几乎一直处于隐退之中。

这是辛弃疾个人的悲哀，也是那个时代的悲哀。

所幸，辛弃疾未雨绸缪般提前在信州带湖之滨给自己建造了一个可以置放灵魂的居所。

> 稼轩日向儿童说：带湖买得新风月。头白早归来，种花花已开。　　功名浑是错，更莫思量着。见说小楼东，好山千万重。（《菩萨蛮》）

“走吧，”辛弃疾跟自己说，“回信州去吧，从此一笑折秋英同赏，不怨儒冠多误身。”他装作一身轻松的样子，转身向信州方向走去。

信州地处江南西路东境，濒临信水，勾连闽浙。此地灵山连岩，秀拔森耸，物产丰美，土壤平衍。南宋时期，从北方来的官绅人家一般都愿意寓居于此。辛弃疾曾经三度宦游于江西，对信州并不陌生。此次回来，虽是第一次见到自己的新居，但他毫无生疏之感。

这所依山傍水而建的庄园给了他极大的慰藉，他每日像个老农一样，在稻田、菜圃间来回忙碌，日落而息，日出而作。闲暇时候，他喜欢沿着带湖散步。带湖四周绿竹环绕，疏影横斜，湖面如翡翠镜匣，清澈平静，时有鸥鹭在水上飞来飞去。他爱极了这带湖的景致，常常走完一圈又是一圈。有一次，恰好看到一只鸥鸟踩在岸边的青苔上，拨动浮萍，伺机捕鱼，他便靠坐在岸边的一块石头上，饶有兴致地看“好戏”。看着，看着，他忽然自嘲一笑：“我自己何尝不像这只鸥鸟，为了一个目标只顾埋头寻找机会，却少有收获。可是，我却比不上鸥鸟，毕竟鸥鸟能翩然来去，自由自在。”

不知不觉，明月高悬，山风袭来，树木花草混合的香味在夜色中弥漫，如水的月光洒满了辛弃疾全身。那一刻，他又想起北方的故乡，想起曾在华北平原度过的乡野生活，想起埋葬在济南故土的祖父，以及那个还未曾实现的恢复梦。一想到那个梦，他的心头猛地抽痛了一下，愁绪开始翻涌。他强迫自己转移思绪，将目光投注到湖边的几株柳树上：“这边柳荫稀疏，我明日还是补栽一些杨柳吧。”

心有所感，情有所系，万千思绪，不吐不快。当晚，辛弃疾写下了赋闲在家以来第一首反映带湖生活的词：

> 带湖吾甚爱，千丈翠奁开。先生杖屦无事，一日走千回。凡我同盟鸥鹭，今日既盟之后，来往莫相猜。白鹤在何处，尝试与偕来。　　破青萍，排翠藻，立苍苔。窥鱼笑汝痴计，不解举吾杯。废沼荒丘畴昔，明月清风此夜，人世几欢哀。东岸绿阴少，杨柳更须栽。（《水调歌头·盟鸥》）

这首词以景言情，字面描写的是隐逸生活的闲适，抒发的却是不能用世的落寞之叹，后世有人评论此词有“不言言之”之妙。

这首词写好之后，很快在辛弃疾的朋友圈传开了。五湖四海的朋友们纷纷以词附和，表达对他的慰问。且看辛弃疾是如何回复他的朋友们的。他给自己的老友严子文、傅安道写道：

> 寄我五云字，恰向酒边开。东风过尽归雁，不见客星回。闻道琐窗风月，更著诗翁杖屦，合作雪堂猜。岁旱莫留客，霖雨要渠来。　短灯檠，长剑铗，欲生苔。雕弓挂壁无用，照影落清杯。多病关心药里，小摘亲锄菜甲，老子正须哀。夜雨北窗竹，更倩野人栽。（《水调歌头·严子文同傅安道和前韵，因再和谢之》）

严子文就是严焕，傅安道就是傅自得，他们是辛弃疾出任建康通判时的同僚，更是相知多年的好友。此时，他们二人都居住在泉州，傅安道算是正式退居二线了，而严子文还在福建市舶的位置上做官。辛弃疾在回应他们的词作中再次展示了赋闲在家的生活，并对老友表达了思念之情，期盼他们能来家中相聚。末了，他向老友们吐槽自己像生锈的长剑，无用的雕弓，感叹英雄无用武之地。

在回复好友汤邦彦时，他却是另一种腔调：

> 白日射金阙，虎豹九关开。见君谏疏频上，谈笑挽天回。千古忠肝义胆，万里蛮烟瘴雨，往事莫惊猜。政恐不免耳，消息日边来。　笑吾庐，门掩草，径封苔。未应两手无用，要把蟹螯杯。说剑论诗余事，醉舞狂歌欲倒，老子颇堪哀。白发宁有种，一一醒时栽。（《水调歌头·汤朝美司谏见和，用韵为谢》）

汤邦彦，字朝美，孝宗时期曾任左司谏。淳熙二年（1175 年）八月，南宋朝廷派其出使金国，讨要河南北宋诸帝陵寝所在之地。不料，汤邦彦有辱使命，未完成任务。回来后，孝宗皇帝龙颜大怒，将其流放至新州（今广东新兴）。几年后，汤邦彦遇赦量移信州，在信州寓居数年，遂与辛弃疾相识。两人因有着相似的遭遇，故而惺惺相惜。辛弃疾在这首词的上片鼓励友人，显得意气飞扬；下片抒一己之愤，则满是悲凉无奈。对比鲜明，思想矛盾。其实，这种矛盾之处，正是辛弃疾的非凡之处。他既不能不为自己叫屈，又不忍心因自身的遭遇而消磨他人的志气。所以，他总是本着“知其不可为而为之”的顽强精神，鼓舞同道，勉励其继续精忠报国。这正是辛弃疾人格伟大之所在，是此词的思想光辉之所在。

回顾辛弃疾这几首词作，我们不难发现，刚刚赋闲回家的辛弃疾其实并不能真正放下朝堂，安享田园之趣。他始终在矛盾，在纠结，在假装淡泊宁静，在假装不问世事。

实际上，他的胸怀中始终燃烧着熊熊烈火，为国家、为苍生。

南岩之会　文坛佳话

淳熙九年（1182 年）九月，南宋著名理学家朱熹辞去新任江南西路提点刑狱之职，南归故里，路过信州，顺便拜访他的老朋友韩元吉。朱熹的到来，在信州儒林引起了不小的轰动，自然也引起了辛弃疾的关注。

朱熹和辛弃疾，一个是理学大师，一个是词坛飞将，两人整整相差十岁，看起来二人似乎没有交集，可实际上他们却交情不浅。他们的交集最早可以追溯到宋高宗绍兴三十二年（1162 年）。那年正月，辛弃疾南归到临安接受高宗的召见。同一年，朱熹由崇安（今福建武夷山）应召赴临安述职。彼时，辛弃疾夜捉叛徒张安国的英雄事迹正在临安的大街小巷广为流传，所以朱熹也有耳闻。而后，他曾同门生谈及此事：“耿京起义兵，为天平军节度使。有张安国者，亦起兵，与京为两军。辛幼安时在京幕下为记室，方衔命来此，致归朝之义，则京已为安国所杀。幼安后归，挟安国马上，还朝以正典刑。”

他们进一步的接触是在淳熙七年（1180 年），当时辛弃疾任职隆兴府知府兼江西安抚使，处理江西灾荒一事，而朱熹恰好担任南康知军。朱熹对辛弃疾“闭粜者配，强籴者斩”八字方针给予了高度赞扬，他常常对身边人说：“这便见得他有才，此八字若做两旁，便乱道。”辛弃疾短时间内调来粮食，稳定粮价，甚至还拿出十分之三的粮食去帮助信州府的做法又进一步赢得了朱熹的赞赏。野史有传，朱熹后来还带了几本书作为礼物，登门拜访辛弃疾。二人的交情应该就是从那时候开始的。淳熙八年（1181 年）辛弃疾带湖新居落成的时候，朱熹刚好路过信州，他特意赶来参观，事后还写了文章进行夸赞。辛弃疾被罢官后，朱熹为其表示愤愤不平，他对自己的弟子说：“辛幼安亦是个人才，岂有使不得之理?”

而辛弃疾更是崇拜朱熹的德行学问，对其敬重有加，一直有结交求教之心。如今，朱熹再次做客信州，辛弃疾听到消息后，自然少不了要前来拜访。当他带着美酒佳肴兴冲冲地来到韩元吉家时，却得知朱熹他们前去南岩游玩了。

南岩位于信江南岸，距信州城约三千米，那里峰岩叠嶂，云山雾绕，风景非常优美。辛弃疾赶到的时候，朱熹、韩元吉和徐安国三人也刚刚要准备上山去。韩元吉是南宋文坛盟主，深得辛弃疾敬重，二人还曾一同仕宦建康府，交情匪浅。徐安国是信州有名的诗人，也是有名的孝子，他的事迹在当地广为传颂，还被作为典型编入地方史志之中。三人见到辛弃疾倏然而至，心下都特别高兴。韩元吉打趣说：“元晦兄正打算改日到你的稼轩讨杯酒吃，不料这就看到你了。”

四人相视一笑，一起携手前行。

他们共同拜祭文公祠，寻访一滴泉，累了就坐在大义石旁休息。这时仰望高达百丈的南岩石壁，上面密密麻麻地布满先人的题字。朱熹不禁感慨道：“自从唐代草衣禅师开创南岩寺后，游人纷纷，题壁诗也越来越多了，而其中有名的诗句又吸引了更多的人来参观。可见美景也需要能够赏析的人啊！”

辛弃疾笑道：“赏美景怎能无美酒？”说着打开自己带来的美酒、佳肴，并帮众人一一斟满。

赏美景，饮美酒，品美馔，大家一时间兴致高昂，慨谈人生。韩元吉提议做几首歌咏南岩的诗词，大家一致推举朱熹先来。朱熹推辞不过，只好答应下来。不多时，《咏一滴泉》诗就完成了：

遥望南岩百尺岗，青山叠叠树苍苍。
题诗壁上云生石，入定岩前石作房。
一窍有灵通地脉，半空无雨滴天浆。
鹅湖此去无多路，肯借山间结草堂。

辛弃疾第一个看完，连声称赞，反复朗诵。“一窍有灵通地脉，半空无雨滴天浆。好精妙的一联！”他赞道。

韩元吉指着最后一句揶揄道：“还在对几年前的鹅湖之会耿耿于怀？”

鹅湖之会是南宋淳熙二年（1175 年）在信州鹅湖寺举行的一次著名的学术论辩。当时朱熹的“理学”与陆九渊的“心学”有着巨大的分歧，两派的追随者之间也常常发生矛盾。为了调和两派关系，吕祖谦特邀朱熹和陆九渊到鹅湖寺进行辩论。可惜辩论进行了三天，他们还是未能说服彼此。

朱熹微笑不言。辛弃疾说：“当年门生有幸看到两位先生的学术论辩，真的是大开眼界，终生难忘啊！”

徐安国打圆场道：“且不说朱子的陈年旧事了，幼安老弟，该找你作诗了。”

辛弃疾笑着说：“在诸位前辈面前，我就不献丑了。不过，我之前与范廓之来过南岩，写过一首词，就念给大家图个乐吧！”说罢，缓缓吟出一词：

笑拍洪崖，问千丈翠岩谁削？依旧是西风白马，北村南郭。似整复斜僧屋乱，欲吞还吐林烟薄。觉人间万事到秋来，都摇落。

呼斗酒，同君酌。更小隐，寻幽约。且丁宁休负，北山猿鹤。有鹿从渠求鹿梦，非鱼定未知鱼乐。正仰看飞鸟却应人，回头错。（《满江红·游南岩，和范廓之韵》）

一番谈笑唱和之后，四人继续前行游乐，直到暮色来临，才彼此散去。当时，韩元吉的儿子韩淲也随行同游。

十八年后，韩淲曾作诗追忆这段往事：

忆昨淳熙秋，诸老所闲燕。晦庵持节归，行李自畿甸。采访吾翁庐，翁出成饮饯。因约徐衡仲，西风过游衍。辛帅倏然至，载酒具肴膳。四人语笑处，识者知叹羡。摩挲题字在，苔藓忽侵遍。壬寅到庚申，风景过如箭。（节选《涧泉集》卷二《访南岩一滴泉》）

往事如风，斯人已去。虽然南岩一会对于辛弃疾等人来说，只是他们人生中的一小段插曲，但是这段小插曲却给中国文学史留下一段永恒的佳话，给南岩留下永远的传说。直到今天，人们到江西上饶游玩时，都不免对昔日的南岩之会心生神往，都会沿着当年朱熹他们四人的足迹探古寻幽，畅聊很久很久以前来过南岩的他们。

旧友新朋　交游唱和

辛弃疾生性豪爽，爱交朋友，《宋史》评价他说：“弃疾豪爽尚气节，识拔英俊，所交多海内知名士。”即便是被罢官了，他的门庭也不冷落，有旧日的朋友不时登门造访，更有信州本地的文人雅士经常上门邀约，同游山水，互相唱和。

所以说，辛弃疾虽然官场失意，却没有失了交情，失了朋友。闲居信州的十年，是他人生中交友最广泛，应酬最多的十年，也是他诗词创作最多的一个时期。

辛弃疾被罢官退居带湖不久，他的至交好友杨炎正和他的大舅哥范如山就一同来信州看望他。杨炎正字济翁，庐陵（今江西吉安）人，杨万里之族弟。他是一位力主抗金的志士，人品、气节与辛弃疾十分相似。淳熙五年（1178 年），杨炎正与辛弃疾共同乘舟路过镇江、扬州，两人曾以

《水调歌头》为词牌，相互作词酬和，倾诉心中的忧虑和慨叹。

故友相见，分外亲切。白天，辛弃疾领着杨炎正二人在带湖四周游览，遍赏信州美景，晚上，他在稼轩备席置酒，与好友谈古论今，开怀畅饮。

然而，相聚的时光总是愉快而短暂的。临别时候，杨炎正先写下一首词：

点检笙歌多酿酒。不放东风，独自迷杨柳。院院翠阴停永昼。曲栏随处堪垂手。

昨日解酲今夕又。消得情怀，长被春僝僽。门外马嘶人去后。乱红不管花消瘦。（《蝶恋花·稼轩坐间作，首句用丘六书中语》）

辛弃疾随即附和道：

点检笙歌多酿酒。蝴蝶西园，暖日明花柳。醉倒东风眠永昼，觉来小院重携手。

可惜春残风雨又。收拾情怀，闲把诗僝僽。杨柳见人离别后，腰肢近日和他瘦。（《蝶恋花·和杨济翁韵，首句用丘宗卿书中语》）

随后，辛弃疾另给自己的大舅哥写了一首送

别词：

泪眼送君倾似雨。不折垂杨，只倩愁随去。有底风光留不住，烟波万顷春江舻。

老马临流痴不渡，应惜障泥，忘了寻春路。身在稼轩安稳处，书来不用多行数。（《蝶恋花·继杨济翁韵饯范南伯知县归京口》）

字里行间，情谊无限。老友们不因自己官场失意而疏远自己，反而还能跋山涉水地来看望自己，这份情谊弥足珍贵，所以，辛弃疾告诉他们自己是如何不舍得分别，以至于“泪眼送君倾似雨”，同时也嘱咐朋友们分别后不要太牵挂自己。

与远方的老友保持密切联系的同时，辛弃疾在信州也建立了自己的朋友圈。除了前面提到的韩元吉、徐安国、汤邦彦等人，他与陈德明、赵善扛、杨民瞻、晁楚老、李子永、李正之、郑汝谐、王桂发、王道夫等信州当地的官员及社会名流都过从甚密。

在这些朋友当中，辛弃疾与韩元吉的关系最为亲密。韩元吉，字无咎，祖籍河南。当年宋室南迁时，他跟着一起来到南方，并把家安在信州城城南。由于他家正门对着一条溪涧，因此他自号“南涧”。韩元吉比辛弃疾大 22 岁，但二人早年经历相似，政治主张相同，兴趣爱好一致，所以成为一对忘年交。

当时，韩元吉住在城南，而辛弃疾住在城北。辛弃疾经常载着酒到韩元吉的家里一同共饮，而韩元吉也会时常造访辛弃疾的带湖庄园，与之对月酌酒，雪楼观雪，所以辛弃疾留下了《念奴娇·和韩南涧载酒见过雪楼观雪》一词：

兔园旧赏，怅遗踪，飞鸟千山都绝。缟带银杯江上路，惟有南枝香别。万事新奇，青山一夜，对我头先白。倚岩千树，玉龙飞上琼阙。　　莫惜雾鬓云鬟，试教骑鹤，去约尊前月。自与诗翁磨冻砚，看扫幽兰新阕。便拟明年，人间挥汗，留取层冰洁。此君何事，晚来曾为腰折。

而韩元吉也写下了他在辛弃疾家中做客的情景：

华屋翠云深，云外晚山千叠。眼底无穷春事，对杨枝桃叶。　　老来沉醉为花狂，

霜鬓未须镊。几许夜阑清梦，任翻成胡蝶。（《好事近·辛幼安席上》）

他们二人还经常结伴游于信州的山林溪谷与景物名胜之地，相互作词酬唱。比如淳熙九年（1182年）重阳节这天，二人同游信州云洞，韩元吉写下了《水调歌头·云洞》：

今日俄重九，莫负菊花开。试寻高处，携手蹑屐上崔嵬。放目苍崖千仞，云护晓霜成阵，知我与君来。古寺倚修竹，飞槛绝纤埃。　　笑谈间，风满座，酒盈杯。仙人跨海，休问随处是蓬莱。落日平原西望，鼓角秋深悲壮，戏马但荒台。细把茱萸看，一醉且徘徊。

韩元吉在词作中描写了登高宴饮的酣畅与欢尽悲来的感伤，流露出对南宋偏安一隅、北方及中原的大片领土沦入金人手中的现状的伤感。读完韩元吉的词作，辛弃疾的心情十分复杂，他连写了两首词以应和：

今日复何日，黄菊为谁开。渊明谩爱重

九，胸次正崔嵬。酒亦关人何事，政自不能不尔，谁遣白衣来。醉把西风扇，随处障尘埃。　　为公饮，须一日，三百杯。此山高处东望，云气见蓬莱。翳风骖鸾公去，落佩倒冠吾事，抱病且登台。归路踏明月，人影共徘徊。（《水调歌头·九日游云洞，和韩南涧尚书韵》）

千古老蟾口，云洞插天开。涨痕当日，何事汹涌到崔嵬。攫土抟沙儿戏，翠谷苍崖几变，风雨化人来。万里须臾耳，野马骤空埃。　　笑年来，蕉鹿梦，画蛇杯。黄花憔悴风露，野碧涨荒莱。此会明年谁健，后日犹今视昔，歌舞只空台。爱酒陶元亮，无酒正徘徊。（《水调歌头·再用韵，呈南涧》）

在这两首词中，辛弃疾先是借陶渊明之名，以酒浇胸中块垒，后又以陶渊明和酒的形象表达了自己罢职归隐田园，深感北伐无望，只能以酒消愁的落寞。

二人虽写作角度不同，但是忧心的根源却是一致的。而这个根源是二人的初心所在，也是二人友谊长存的原因。

最让人感动和感慨的是，辛弃疾从淳熙九年（1182）定居信州开始，到淳熙十四年（1187）韩元吉离世，每年都为韩元吉作词祝寿。这样频繁地为同一个人写祝寿词，在《稼轩集》中并不多见，可见辛弃疾对这位前辈的敬意与情意。

在辛弃疾为韩元吉所作寿词中，最著名的是那首《水龙吟·甲辰岁寿韩南涧尚书》：

> 渡江天马南来，几人真是经纶手？长安父老，新亭风景，可怜依旧。夷甫诸人，神州沉陆，几曾回首！算平戎万里，功名本是，真儒事，君知否。　　况有文章山斗，对桐阴满庭清昼。当年堕地，而今试看：风云奔走。绿野风烟，平泉草木，东山歌酒。待他年整顿，乾坤事了，为先生寿。

此词作于淳熙十一年（1184），这一年辛弃疾45岁，韩元吉67岁。在词中，辛弃疾高度赞美了韩元吉的才干和光荣家世，表达出期望有人整顿乾坤，扫除金寇，收复中原的心愿。

韩元吉非常理解辛弃疾被闲置后的苦闷与无奈，为了安慰、鼓励他，第二天韩元吉也为他作了一首祝寿词。原来二人生日仅相差一天。韩元吉写道：

> 南风五月江波，使君莫袖平戎手。燕然未勒，渡泸声在，宸衷怀旧。卧占湖山，楼横百尺，诗成千首。正菖蒲叶老，芙蕖香嫩，高门瑞，人知否。　　凉夜光躔牛斗。梦初回，长庚如昼。明年看取，锋旗南下，六赢西走。功画凌烟，万钉宝带，百壶清酒。便留公剩馥，蟠桃分我，作归来寿。（《水龙吟·寿辛侍郎》）

韩元吉的劝慰和勉励扫去了辛弃疾心中的颓丧，激发了辛弃疾奋发向上的激情。这对忘年交彼此惺惺相惜，彼此相互敬重，彼此相互劝勉。他们的友谊也成为词坛佳话。

而正是因为有韩元吉这样的好友陪伴在侧，辛弃疾在信州十年的退隐生活才不那么寂寞难挨，才不会颓废痛苦。

铁笔柔情　书写生活

在带湖闲居的十年，是辛弃疾创作力最为旺

盛的十年。带湖的水洗涤了他仕途沉浮的疲惫，带湖的山安慰了他多年漂泊的辛苦。辛弃疾在带湖的生活是自在的、悠闲的、放松的，让他有足够的时间去读书，去会友，去游玩，去享受农家生活的趣味，去书写他所热爱的、思念的或者悲伤的人和事。

每个初夏时节，辛弃疾都喜欢到乡野间走一走，看一看，跟田间地头劳作的农家人聊聊天，有时候还会到熟识的乡民家去做客。他热爱这种单纯简单的日子，喜欢那些淳朴的乡民，为此，他写下了大量反映农村生活和田园风光的诗作。

有一年夏天，他偶然路过一户人家，只见他家茅舍坐落于一条清澈的小溪边，溪流两侧青草萋萋。一对老夫妇正坐在门口的树荫下聊天。他们讲着一口吴侬软语，辛弃疾虽然听得不太明白，但是觉得很好听，很亲切。于是他过去打招呼："大哥、大嫂好，看你们日子过得挺不错啊。"

老妇人热情地答话："是啊，今年年景好啊，我大儿子在东边锄豆子，二儿子在鸡舍边编笼子。不过，小儿子最淘气了，你看，他正躺在那边剥莲蓬呢。"顺着老妇的话，抬眼望去，果然看见小溪边的草丛里正横卧着一个小孩，手里还剥着刚摘下的莲蓬。

辛弃疾被眼前这一幕画面深深触动，心里立刻就酝酿出一首新词：

> 茅檐低小，溪上青青草。醉里吴音相媚好，白发谁家翁媪？　　大儿锄豆溪东，中儿正织鸡笼。最喜小儿亡赖，溪头卧剥莲蓬。（《清平乐·村居》）

农村的生活让他很向往，农村的风景更让他迷醉。他写过一首题为《鹧鸪天·代人赋》的词：

> 陌上柔桑破嫩芽，东邻蚕种已生些。平冈细草鸣黄犊，斜日寒林点暮鸦。　　山远近，路横斜。青旗沽酒有人家。城中桃李愁风雨，春在溪头荠菜花。

在这首词里，他用清新明快的笔调，描绘出一幅美好的乡野春光图。柔桑吐绿，春蚕新生。小黄牛在长满青草的山岗上鸣叫，乌鸦在斜阳照映的树林间飞来飞去。山路纵横交错，不远处有酒旗人家，桃树李树在风雨中沐浴着春愁，最明媚的春色正在溪头的一片荠菜花中盛开。

他还有一首很有名的《西江月·夜行黄沙道中》：

> 明月别枝惊鹊，清风半夜鸣蝉。稻花香里说丰年，听取蛙声一片。　七八个星天外，两三点雨山前。旧时茅店社林边，路转溪桥忽见。

黄沙道又名黄沙岭，位于信州西面四十里处，岭高约十五丈，深而宽敞，可容百人。岭下有两泉，水自石中流出，可灌溉田地十余亩。这一带不仅风景优美，也是农田水利较好的地区。辛弃疾在信州期间，常常来此地游玩，并为此地写了不少诗词。现在留存的有五首，《西江月·夜行黄沙道中》是其中的一首。在这首小令中，辛弃疾用明月、清风、稻花香、蛙声、七八个星星、两三点雨等常见的景物，描绘出夏夜乡村田野的活跃氛围，以及辛弃疾对丰收年景的喜悦。

在外游玩之余，辛弃疾也常在家中与妻儿共乐，写下了很多反映他个人家庭生活的词作。通过这些词作，我们可以看到他最真实最贴近生活的那一面，感受到作为普通人的他最柔软最脆弱的那一刻。

他为自己的岳母写了很多祝寿词，足以见得生活中的他是一个孝顺的好女婿。比如这一首《鹊桥仙·庆岳母八十》：

> 八旬庆会，人间盛事，齐劝一杯春酿。胭脂小字点眉间，犹记得旧时宫样。　　彩衣更着，功名富贵，直过太公以上。大家着意记新词，遇着个十年便唱。

他的岳母赵氏出身皇族，所以，他在词中写了“犹记得旧时宫样”一句，从细节中隐隐追忆岳母所经历过的皇家典仪，想必定能哄得岳母得意又开心。

辛弃疾还是个模范丈夫。他非常尊重妻子的意见和感受。有一天晚上，他从朋友处饮酒归来，醉得一塌糊涂。一觉醒来时，已是日上三竿。他起身发现屋里空无一人，但是迎面的窗户上却贴着一张字条。原来是妻子写的一首劝酒诗。辛弃疾看到这首诗非常惭愧，因为前几日刚刚答应妻子要戒酒，谁知昨夜又喝得大醉。那一刻，他觉得愧对妻子，于是就填了一首词，表达对妻子的感谢：

昨夜山公倒载归，儿童应笑醉如泥。试与扶头浑未醒，休问，梦魂犹在葛家溪。

千古醉乡来往路，知处，温柔东畔白云西。起向绿窗高处看，题遍，刘伶元自有贤妻。（《定风波·大醉归自葛园，家人有痛饮之戒，故书于壁》）

淳熙十六年（1189 年），辛弃疾和妻子范氏同庆五十岁生日。想到过去二十多年里，自己和妻子聚少离多，家里大大小小诸多事务都要靠妻子亲手打理，辛弃疾心里就觉得这辈子欠了妻子很多。所以在妻子生日那天，特意为她写了一首祝寿词，希望妻子能健康长寿，余生无虞：

寿酒同斟喜有余，朱颜却对白髭须。两人百岁恰乘除。　　婚嫁剩添儿女拜，平安频拆外家书。年年堂上寿星图。（《浣溪沙·寿内子》）

他更是一个慈祥的父亲。辛弃疾一生有九个

儿子，其中幼子辛䆊生来体弱多病，独得辛弃疾怜爱。因为心中期盼儿子身体能够健壮起来，辛弃疾特意给辛䆊取了一个乳名“铁柱”。有一段时间，铁柱不知怎的日夜啼哭不止，问过多少医生都没查到病因。辛弃疾急得手足无措，甚至到乡间去打听偏方。老农们给他出主意，写个符咒贴在门口，让见者诵读，能驱走孩子身上的邪气。

虽然这个法子很荒唐，可是辛弃疾依然从善如流，写好了一张咒文“天皇皇，地皇皇，我家有个夜哭郎。过路君子念三遍，一觉睡到大天亮”，贴在大门口。这个时候的辛弃疾，完全不是那个横刀立马的英雄形象了，他就是一个平凡的父亲，只要孩子无灾无难，他这个做父亲的就满足了。而后，他为铁柱写了一首词，在词中表达了这个心愿：

灵皇醮罢，福禄都来也。试引鹓鸰花树下，断了惊惊怕怕。　　从今日日聪明，更宜潭妹嵩兄。看取辛家铁柱，无灾无难公卿。（《清平乐·为儿铁柱作》）

父母之心古今相同。此刻，身为父亲的辛弃

疾寄希望于神灵，希望在神灵的庇佑下，铁柱能健康长大。可惜，不久之后，铁柱还是夭亡了。中年丧子的辛弃疾悲痛万分，连续写了十五首《哭𧄓》诗，字字伤心，句句恳切，让人读之泣泪，感同身受：

方看竹马戏，已作《薤露歌》。哀哉天丧予，老泪如倾河。

玉雪色可爱，金石声更清。孰知摧轮早，跬步不可行。

念汝虽孩童，气已负山岳。送汝已成人，行路已悲愕。

他年驷马车，谓可高吾门。只今关心处，政在青枫根。

糊涂不成书，把笔意甚喜。举头见爷笑，持付三四纸。

笑揖索酒罢，高吟关关鸠。至今此篇诗，狼藉在床头。

汝父诚有罪，汝母孝且慈。独不为母计，仓皇去何之！

泪尽眼欲枯，痛深肠已绝。汝方游浩荡，万里挟雄铁。

中堂与曲室，闻汝啼哭声。汝父与汝母，何处可坐行？

从人索莲花，手持双白羽。莲花不可见，莲子心独苦。

足音答答来，多在雪楼下。尚忆附爷耳，指问壁间画。

我痛须自排，汝痴故难忘。何时篆冈竹，重来看眉藏。

昨宵北窗下，不敢高声语。悲深意颠倒，尚疑惊着汝。

世无扁和手，遗恨归砭剂。嗟谁使之然，刻舟宁复记。

百年风雨过，达者齐殇彭。嗟我反不如，其下不及情。

铁柱的早亡让辛弃疾无比自责，以至于自认有罪。他不断地回忆与铁柱共同度过的点滴时光，沉浸在丧失爱子的悲伤之中，并将内心的痛苦和思念永远地定格在这长长的诗句中。

历经千百年风吹雨打，很多故事早就消散在历史的风尘中。辛弃疾在信州带湖究竟是怎样生活的，我们已经无法追踪细节。幸而，他留下了那么多诗词作品，让我们感受到这个铁血汉子的柔情，看到历史教科书之外的另一形象。

中年滋味　稼轩词成

少年不识愁滋味，爱上层楼。爱上层楼，为赋新词强说愁。　　而今识尽愁滋味，欲说还休。欲说还休，却道天凉好个秋！（《丑奴儿·书博山道中壁》）

也许是人到中年的缘故，辛弃疾现在特别容易感伤，特别容易忧愁。淳熙十年（1183 年）以来，他开始不断地接到朋友的死讯：

淳熙十年（1183 年）五月，叶衡去世，年六十二；同年八月，傅自得去世，年六十八。

淳熙十一年（1184 年）二月，友人洪适卒，年六十八；七月，友人罗端良卒，年四十九。

淳熙十四年（1187 年）韩元吉卒，年七十；汤邦彦卒，年五十三；钱佃卒，年六十二。

同道者接二连三地离去，让辛弃疾内心不断

遭受着悲痛的打击，也让他心里愈加孤独。他不知道未来的人生里自己孤单一人能否撑起抗金收复中原的宏大梦想。

也是淳熙十四年（1187 年），南宋皇廷里发生了重大变故。这一年十月，宋高宗赵构病逝于临安。他的驾崩似乎让尘封已久的收复之事有了重启的希望。果然，一向主战的左丞相王淮这一年向宋孝宗提议，像辛弃疾这样尽忠报国的人才不应该长期赋闲在家，应该给他们一定的职位，以备将来朝廷不时之需。王淮的建议遭到了右丞相周必大的反对。在王淮据理力争之下，辛弃疾最后得到一个冲佑观奉祀的虚职。

冲佑观位于福建武夷山，是道教的活动场所。所谓奉祀，也叫宫观，是宋朝专门为那些受年龄或政见等原因限制，而无法入朝的官员设置的官职。这个职务只享受待遇，没有职级，甚至连受命者本人都不需要去道观履职。朝廷会把俸禄发给其所在官府，由官府转发给本人。按照以往惯例，凡是被罢黜的官员再被启用之前，都会被任命管理道观。那么，这是不是意味着辛弃疾离复出不远了呢？朝廷上下不少人开始关注这个问题，邸报也开始流出一些有关辛弃疾的传闻。

这期间，有的邸报上说辛弃疾当年是因病退居的，如今恐怕命不久矣。刚刚被任命为冲佑观奉祀，就有人编排自己要死了。辛弃疾对此自嘲一笑：“想不到离开朝堂这么多年，还是有人这么记挂我！”随即他写了一首词作为回应：

老子平生，笑尽人间，儿女怨恩。况白头能几，定应独往；青云得意，见说长存。抖擞衣冠，怜渠无恙，合挂当年神武门。都如梦，算能争几许，鸡晓钟昏。　　此心无有亲冤，况抱瓮年来自灌园。但凄凉顾影，频悲往事；殷勤对佛，欲问前因。却怕青山，也妨贤路，休斗尊前见在身。山中友，试高吟楚些，重与招魂。（《沁园春·戊申岁，奏邸忽腾报谓余以病挂冠，因赋此》）

虽然他充满自嘲精神，但是想到自己退居乡野一晃就六年了，也不免哀叹岁月蹉跎，此身如寄。他的这种心事起伏，情绪敏感的心理状况被融入这一时期的词作中。比如这一首《八声甘州·夜读〈李广传〉，不能寐，因念晁楚老、杨民瞻约同居山间，戏用李广事，赋以寄之》：

> 故将军饮罢夜归来，长亭解雕鞍。恨灞陵醉尉，匆匆未识，桃李无言。射虎山横一骑，裂石响惊弦。落魄封侯事，岁晚田园。　　谁向桑麻杜曲，要短衣匹马，移住南山。看风流慷慨，谈笑过残年。汉开边功名万里，甚当时健者也曾闲。纱窗外，斜风细雨，一阵轻寒。

辛弃疾夜读汉代名将李广故事，不由得联想到自己的经历，一腔忠愤无处发泄，所以写下此词以抒怀。在词中，辛弃疾赞美了李广虽遭打击而意志不衰的精神，表示自己要像李广一样宠辱不惊，无怨无悔地坚守理想，也要像李广一样风流慷慨，自在潇洒地享受田园生活。

年近半百，被迫赋闲，一个人总得寻求一点精神寄托。于是辛弃疾把精力转向了山水田园，转向了诗词创作。信州的带湖风月，瓢泉美景，给他提供了源源不断的灵感。诗词创作为他苦闷的精神世界打开了一个出口。于是，他放下了“弓刀事业”，转求“诗酒功名”。

辛弃疾在带湖期间的苦乐，被他的弟子范开看在眼里，记在心里。

范开，字廓之，祖籍河南洛阳，南归后移居衢州。淳熙九年（1182 年），范开从衢州来到信州辛弃疾的带湖庄园，拜其门下求学。后来一直杖履相从，陪伴辛弃疾长达八年之久。在此期间，范开见证着辛弃疾每一篇词作的创作过程，也体会着辛弃疾书写时的不同心情，这让他对辛弃疾词作的理解比一般人更为深刻、更为精确。

淳熙十五年（1188 年）春天，范开特地为辛弃疾编辑了一本词集《稼轩词甲集》。这本词集成为辛词最早的刊本，里面共收录一百多首词作。在这部词集的序言中，范开写道：

> “器大者声必闳，志高者意必远。知夫声与意之本原，则知歌词之所自出。是盖不容有意于作为，而其发越著见于声音言意之表者，则亦随其所蓄之浅深，有不能不尔者存焉耳。
>
> 世言稼轩居士辛公之词似东坡，非有意于学坡也，自其发于所蓄者言之，则不能不坡若也。坡公尝自言与其弟子由为文□（固）

多而未尝敢有作文之意，且以为得于谈笑之间而非勉强之所为。公之于词亦然：苟不得之于嬉笑，则得之于行乐；不得之于行乐，则得之于醉墨淋漓之际。挥毫未竟而客争藏去。或闲中书石，兴来写地，亦或微吟而不录，漫录而焚稿，以故多散逸。是亦未尝有作之之意，其于坡也，是以似之。

虽然，公一世之豪，以气节自负，以功业自许，方将敛藏其用以事清旷，果何意于歌词哉，直陶写之具耳。故其词之为体，如张乐洞庭之野，无首无尾，不主故常；又如春云浮空，卷舒起灭，随所变态，无非可观。无他，意不在于作词，而其气之所充，蓄之所发，词自不能不尔也。其间固有清而丽、婉而妩媚，此又坡词之所无，而公词之所独也。昔宋复古、张乖崖方严劲正，而其词乃复有浓纤婉丽之语，岂铁石心肠者类皆如是耶。

开久从公游，其残膏剩馥，得所沾焉为多。因暇日裒集冥搜，才逾百首，皆亲得于公者。以近时流布于海内者率多赝本，吾为此惧，故不敢独阏，将以祛传者之惑焉。

淳熙戊申正月元日门人范开序

这篇序言是最早的一篇辛词评论。范开认为辛弃疾把写词当作颐养性情、排解忧闷的工具，所以他的词作“如张乐洞庭之野，无首无尾，不主故常；又如春云浮空，卷舒起灭，随所变态，无非可观”。

这一观点不失深刻。

从淳熙八年（1181 年）年底被罢官，到绍熙三年（1192 年）年初重新被起用，辛弃疾在信州整整闲居了十年。这十年当中，辛弃疾以诗词作为“陶写之具”，以抒发感慨，发表议论，咏物写景，说理叙事，留下了数量繁复，题材广阔，体裁多样，内容丰富的诗词作品。这些作品奠定了他在中国文学史上的词人地位，从此，这个一心“股肱王室”完成“平戎”大业的铁血英雄，将被人们正式以词人的身份看待了。

但他的作品不管是得意也好，失意也好，悲哀也好，欢喜也好，总有一种力量让人感动。这种动人的力量源于他的生命，因为终其一生，他都在用生命去呐喊，去歌唱，去书写，去创作，他的血与泪，他的爱与恨，他的烦恼与忧伤，他的一切的一切都已经融入他的作品中。

所以，稼轩词感动了一代又一代读者，所以，辛弃疾以词人的身份永远闪烁在历史的天空。

第六章 男儿到死心如铁

陈亮来访　鹅湖相会

淳熙十五年（1188 年）冬天，南方的雨雪特别多。每天对着阴郁天气，辛弃疾不免心情低落。周边的美景已经看够了，至交好友也相继离世，一想到这些，他就陷入生老病死的伤感之中。一阵寒风吹来，他竟然感染了风寒，就此抱病不起。

在他缠绵病榻之时，有一个人正乘着风雪，快马加鞭地朝着信州铅山赶来。这个人叫陈亮，字同甫，世称龙川先生。他是南宋时期浙东事功学派代表人物，也是当时著名的政论家和文学家。

陈亮出身于婺州永康（今浙江永康），比辛弃疾小 3 岁。他自幼“才气超迈，喜谈兵事”，性情与辛弃疾十分相似。在政治观点上，他也与辛弃疾一致，都是力主抗金，收复中原。隆兴和议之后，陈亮曾以一介布衣之身向宋孝宗连上五章，即历史上著名的《中兴五论》。淳熙五年（1178年），35 岁的陈亮又以布衣之身连续三次向宋孝宗上书，批评自南宋初以来苟且偷安的国策、一蹶不振的士气，建议迁行都于建康，置行宫于武昌，不要把长江当作防守的天险，而要将其当作北伐的跳板，打过长江，收复中原。

陈亮的上书震动朝野。那时候，辛弃疾正在临安担任大理寺少卿，自然也听说了此事。后来，经吕祖谦从中介绍，辛弃疾与陈亮相识。辛、陈二人都觉得与对方颇为投缘，他们时常聚首相谈，每一次都谈得非常愉快。此后几年，由于辛弃疾宦游各地，陈亮被俗事缠身，二人再无缘会面。

辛弃疾退居带湖后，曾与淳熙十年（1183年）春邀请陈亮来做客，陈亮当时也来信表示秋后相见。岂料，陈亮运气不好，竟然遭人陷害，连续坐了两次牢。他第二次坐牢还是在辛弃疾的努力营救下，才免于一死。

这次，陈亮顶风冒雪从八百里之外的永康赶

到铅山，就是要与自己的好朋友辛弃疾相见。

而陈亮的突然造访让病榻上的辛弃疾喜出望外，这是他们于临安相识十年后的第一次见面。于是，辛弃疾不顾自己的病体，与陈亮顶风冒雪同游鹅湖。

鹅湖位于信州铅山鹅湖山山顶，湖中长满荷花，白鹅穿梭于荷花之间，风景绝佳。鹅湖山北还有一座鹅湖寺，淳熙二年（1175 年），一场中国历史上著名的哲学辩论会——“鹅湖之会”就在此召开。

陈亮与辛弃疾畅游鹅湖期间，每晚煮酒烹茶，畅谈天下局势，议论北伐大计，常常聊至通宵，不知疲倦。有一夜，二人谈及国家边防之事，陈亮忽然长叹一声道：“哎，幼安兄有所不知，我来信州之前，又去了一趟建康，那里还是毫无进取之意。虽然长江天险可以作为天然屏障，但是金人一旦起事，我们只能后退，若退无可退，该怎么办？”

“所言甚是。我一直觉得那钱塘佳丽地并非帝王久居之所，如果金人断牛头之山，决西湖之水，则满城皆鱼鳖，天下无援兵啊！”辛弃疾说。

这话说完，二人都脸色黯然，闷头饮下杯中酒。

沉默片刻，辛弃疾又说："如今中原已沦陷很久了，留在那里的老一辈人已经所剩无几，年轻一代早就忘了复仇雪耻这回事了，我只怕再这样下去，恢复中原一事再无可能了。"

陈亮听完此言，不禁心中涌起一股激愤，他自负才高，带着满满的雄心壮志，没想到却遇到一个只想苟且偏安的朝廷。

辛弃疾见他面色不佳，再次给他斟酒并劝慰："世事虽不由你我，但是我们拳拳报国之心，天上的明月是能看到的。"

一时间二人不约而同地抬头看向窗外，只见明月当空，天光深蓝，雪不知什么时候停了。二人一时兴起，起身披衣，拎着酒壶，走向茫茫的雪地中。皎洁的月光洒满这个洁白的世界，他们谁都没有说话，彼此默默地相伴前行，他们向着瓢泉走去，要去看看那不为尘世动摇，也不怕寒冬冰封的甘泉水。此时，风烟俱寂，万籁无声，只有两个身影，那么挺拔，那么坚毅地立在寒夜之中。

就这样，二人在鹅湖一连游玩畅谈了十日。而后，一起南下到赣闽交界的紫溪去等待朱熹。原来，陈亮来信州之前就写信给朱熹，约朱熹鹅湖相聚，当面谈一谈“王霸义利”的问题，这项学术之争已经在他们的书信中争论了两三个年头。同时，他还希望通过此次会面，使朱熹在恢复大计上与自己达成一致意见。

然而，辛弃疾和陈亮在紫溪等了两天都不见朱熹前来。对于此次爽约，事后朱熹是这么向陈亮解释的：“奉告老兄，且莫相撺掇，留取闲汉在山里咬菜根，与人无相干涉，了却几卷残书，与村秀才子寻行数墨，亦是一事。”陈亮很聪明，他明白朱熹以“山里咬菜根”来做托词，其实是表明自己的政治立场。朱熹早年虽主战，可是现在他认为应该韬光养晦，已经不主张北伐了。

实际上，朱熹与陈亮、辛弃疾的政治主张一开始就站位不同，朱熹更关注朝堂政治，辛弃疾和陈亮则看重家国决策。陈亮对于朱熹的爽约虽然早有预料，但还是有些失落，遂就地向辛弃疾告别，飘然而去。

朱熹的缺席，给历史留下永久的遗憾，但是

对于三人的友谊而言，却是一种成全，毕竟三人不会因为意见不同而导致友谊崩塌。也许，这才是最好的结局。

朱熹没来，陈亮走了，独留辛弃疾还在原地徘徊。他心中怅然，只觉天地清冷，人间寂寞。忽然，他脑海中冒出一个声音："既然朱熹不来，陈亮还可以留更长的时间，我不如把他追回来。"于是，他迅速行动起来，找来一匹快马，抄小路去追赶陈亮。

年近五十的辛弃疾，像个孩子一般冲动。他不顾夜色降临，大雪将至，一路策马狂奔。他路过灯火闪烁的村庄，路过水声幽咽的泸溪，路过雪色蒙蒙的鹭鸶林，此时，雪深路滑，难以前行，他只好停了下来。举目远眺，天地苍茫，四野无声，哪里有朋友的身影？他如梦初醒般知道，去者不可追，曲终人会散。

当晚，他投宿于泉湖村吴氏的四望楼中，更深夜重，辗转难眠。而这时候，不知哪里飘来的笛声，如泣如诉，如怨如慕，搅得他心神动荡，思虑缱绻。于是，伴着幽怨的笛声，写下了一首《贺新郎·把酒长亭说》：

陈同甫自东阳来过余，留十日。与之同游鹅湖，且会朱晦庵于紫溪，不至，飘然东归。既别之明日，余意中殊恋恋，复欲追路，至鹭鸶林，则雪深泥滑，不得前矣。独饮方村，怅然久之，颇恨挽留之不遂也。夜半投宿吴氏泉湖四望楼，闻邻笛悲甚，为赋《贺新郎》以见意。又五日，同甫书来索词，心所同然者如此，可发千里一笑。

把酒长亭说。看渊明风流酷似，卧龙诸葛。何处飞来林间鹊，蹙踏松梢残雪。要破帽多添华发。剩水残山无态度，被疏梅料理成风月。两三雁，也萧瑟。　　佳人重约还轻别。怅清江天寒不渡，水深冰合。路断车轮生四角，此地行人销骨。问谁使君来愁绝？铸就而今相思错，料当初费尽人间铁。长夜笛，莫吹裂。

没想到五天后，辛弃疾竟然收到陈亮的信，信中问：“我走了之后，你又写新词了吧？”辛弃疾笑了，他们二人果然心意相通，想必陈亮看到这首词后也会会心一笑吧。

不久，他又收到陈亮回复的《贺新郎·寄辛幼安和见怀韵》一词：

老去凭谁说？看几番，神奇臭腐，夏裘冬葛。父老长安今余几？后死无仇可雪。犹未燥，当时生发。二十五弦多少恨，算世间，那有平分月。胡妇弄，汉宫瑟。　　树犹如此堪重别。只使君，从来与我，话头多合。行矣置之无足问，谁换妍皮痴骨？但莫使伯牙弦绝。九转丹砂牢拾取，管精金只是寻常铁。龙共虎，应声裂。

陈亮在词中重叙了二人志同道合的友情，他希望彼此今后还要相互鼓励，坚持恢复中原的共同理想。

辛弃疾看过之后，大为感动，又回复了一首《贺新郎·同甫见和，再用韵答之》：

老大那堪说。似而今元龙臭味，孟公瓜葛。我病君来高歌饮，惊散楼头飞雪。笑富贵千钧如发。硬语盘空谁来听？记当时只有西窗月。重进酒，换鸣瑟。　　事无两样人心别。问渠侬神州毕竟，几番离合？汗血盐车无人顾，千里空收骏骨。正目断关河路绝。我最怜君中宵舞，道“男儿到死心如铁”。看试手，补天裂。

嘤嘤鸣矣，求其友声。有子相伴，何其有幸。虽然救国理想遥遥无期，但是他们这份真挚的友情却照亮了彼此的人生。

重新出山　赴任福建

淳熙十六年（1189 年）二月，南宋政权再次进行了新旧交替，宋孝宗赵昚禅位于太子赵惇。赵惇就是后世所称的宋光宗。这次政权交替所带来的影响将改变很多人的命运。辛弃疾也在其中。

新皇帝上任，自然在人事上面会有大的变动。之前弹劾过辛弃疾的王蔺、周必大等人都被调整到其他地方，而与辛弃疾私交较好的部分官员却被调入朝廷的重要部门任职，担任吏部尚书的赵汝愚就是其中一位。赵汝愚，字子直，饶州余干（今江西余干）人，绍熙二年（1191 年）秋出任吏部尚书，主管全国官员的任免、考核、升迁和调动，赵汝愚就是这个部门的一把手。他上任之后，就极力向光宗赵惇推荐辛弃疾出任福建提点刑狱。

同年冬天，闲居十年的辛弃疾得到了朝廷的正式任命。接到任命诏书后，辛弃疾并没有像人们想象的那样喜极而泣。是的，他曾经无数次幻想着自己被朝廷重新启用的场面，可是经过十年的打击和磨砺，他的内心早已变得波澜不惊。他平静地打理行李，安排着出去任职的事情。直到第二年春天，他才告别亲友，告别信州，踏上前往福州的路。

临行前，他写了一首《浣溪沙·壬子春，赴闽宪，别瓢泉》表达自己的心情：

> 细听春山杜宇啼，一声声是送行诗。朝来白鸟背人飞。　　对郑子真岩石卧，趁陶元亮菊花期。而今堪诵《北山移》。

还未走，却已思归，这不像是曾经一心向往建功立业的辛弃疾所说的话。也许是看透了朝廷无心北伐，他无意再眷恋仕途荣华；也许是好不容易习惯了信州的隐逸生活，他不想被迫成为破落帝国的一片齿轮。

但辛弃疾最难得的地方就在这里，他可以一如既往地借助填词来申诉自己的壮志难酬，却从不会放任自己丢掉内心的使命感和责任感。

还像十年前那样，他又一次奔走在宦途中，不过他没有直接去赴任，而是先到崇安拜访朱熹。朱熹不是曾经爽约了他和陈亮吗？去拜见朱熹不会觉得尴尬吗？实则不然。淳熙十五年冬天，鹅湖相会之后，朱熹就派门生杜斿专门到辛弃疾家中探望。杜斿代朱熹说明了当时爽约的原因，并转告了朱熹的善意提醒，要他多学习儒家义理，约束自己的言行。辛弃疾对杜斿的到来非常感动，也理解朱熹的良苦用心。朱熹是怕自己的不拘小节再次成为政敌的把柄。因此，他特地来崇安一趟，正是来向朱熹表明自己的心迹。

两个老朋友见面，分外高兴。朱熹热情地带着辛弃疾乘舟畅游武夷山。武夷山有三十六峰，九十九岩，峰岩交错，溪流纵横，风景之秀丽，天下无双。辛弃疾兴之所至，还作了《游武夷作棹歌呈晦翁十首》等诗描述此次游览武夷山的情景。游览之余，辛弃疾就为政、时局等相关问题向朱熹进行了讨教，朱熹则赠给辛弃疾三句话："临民以宽，待士以礼，驭吏以严。"

辛弃疾将这三句话牢牢地记在了心里，并真

正地应用到自己的工作实践当中。上任伊始，辛弃疾就命令下属将提刑衙门的案卷全数取出，逐一翻阅复查，结果发现福建的刑狱之坏难以想象——福建人口密集，百姓成分复杂，很多案件处理时本身就有难度；加之福建负责大宋的海外贸易，因此涉及海寇和官商勾结的案件非常之多。

辛弃疾立刻行动起来，如同当年在江西所为那般：他迅速撤换了冤假错案频发地区的提刑官，改派了一大批廉洁公正、熟稔律法的干吏前往就职，要他们限期清理沉疴。比如，当时汀州有一批久拖不决的疑案亟须处理，辛弃疾便委托上杭县令鲍粹然前来协助。鲍粹然廉洁公正，熟稔法律，并且做事细致认真。经过他的翻查核实，案情很快就能弄清，不少无辜的百姓得到解救，穷凶极恶的江洋大盗也得到应有的惩罚。几个案子处理下来，起到了立威的作用，让福建的治安迅速好转起来。

与此同时，辛弃疾自己则对福建全省的提刑衙门发出通报，要求“折狱定刑，务从宽厚”，即官吏不得再以重法治案，尤其是那些仅涉及民事的官司和纠纷，提刑官们务必减轻其罪，严禁随意捕捉百姓入狱。此外，他又多次召见各地官员，和他们一一约谈，严厉约束这些有机会渎职的人。辛弃疾的举措很快就收到了成效，不少县乡的刑狱治理得到极大改善，积弊几日间竟被清扫一空，整个福建官场似乎也被辛弃疾所感染，开始变得昂扬向上。

然而，大宋王朝数百年来蛀成的腐朽，又岂是一个辛弃疾能够扭转的？果然，他这些做法惹得许多州县守令对他心怀怨恨。到后来，连福建安抚使林枅也跟他闹起了意见，遇事不肯与之和衷共济了。

眼看自己在福建又快待不下去了，事情却因林枅的突然病逝而发生转变。绍熙三年（1192 年）九月，林枅卒，福建安抚使的职位出现空缺，朝中也尚未选定新的继任者。赵惇便命辛弃疾暂时代理安抚使一职。

无论被摆放在什么位置，辛弃疾一向只求安守职责，问心无愧。兼任安抚使之后，辛弃疾做的第一件事就是积极整顿吏治。那些贪官污吏半年多前就领教过辛弃疾的为官之道，早已对他噤若寒蝉。如今辛提刑走马上任成了辛大帅，自然更没有理由放过他们。短短数月，就有不少贪官应声下马，很多过去因不与上官沆瀣一气而遭受打压的清官则被辛弃疾一一提拔，成为造福一方的廉吏。一时间福建官场严肃，大有焕然一新的趋势。

而后，他努力在政务上有所改善，努力一心一意为百姓做实事。这期间，他着重在汀州地区做了两件大事：一是推行“经界”法，二是施行“钞盐”法。

所谓“经界”，就是清查土地所有权，平均分担赋税徭役。宋朝对于豪强地主兼并土地的行为，一贯持纵容态度。豪强地主们占有大量土地却享有免税权，农民土地被兼并，却还需要承担土地租税和徭役。这就出现了“有税者未必有田，有田未必有税”的情况，土地的占有量和徭役负担轻重完全不相符。很多农户为了躲避沉重的劳役赋税而逃到外地，但政府所收的赋税没有减，没逃走的农户得把逃亡的人的那部分赋税交出来。如此一来，越来越多的农户逃亡，形成恶性循环。

在此之前，南宋政府曾经在部分地区推行过“经界”法，但是推行时间和范围都很有限。因此，上述流弊在福建各地，尤其是汀州地区特别严重。

所谓“钞盐”法，就是凭借盐钞贩卖食盐。南宋时期，福建的食盐有两种运销方法。建宁府、南剑州、汀州、邵武军等上四州实行官运官销；漳州、泉州、兴化军、福州等下四州实行“钞法”，即盐商缴纳若干税款，领取政府颁发的运销许可证，然后进行食盐的售卖。这里面就出现了一个问题，那就是官盐不但售价高，而且质量差，老百姓都愿意跑去买私盐，结果政府为了盈利，就会强行把官盐派购给百姓。政府的强买强卖行为，引起了民众的强烈不满。

这个问题曾经引起福建当地部分官员的重视，并且还有人提出过改变盐法的意见。可惜大部分官员为了中饱私囊，不愿意接受盐法的改变。直到辛弃疾来福建就任提点刑狱时，福建上四州还是实行官运官销的方法。

辛弃疾深知上述两事为福建各地，特别是汀州地区民众招致了深重的灾祸，所以在兼任安抚使后，他立刻上书朝廷，建议对汀州地区的土地问题实行“经界”法，食盐问题改行“钞法”。他在奏疏中这样写道：

天下之事，因民所欲行之，则易为功。漳、泉、汀三州皆未经界，漳、泉民颇不乐行，独汀之民力无高下，家无贫富，常有请也。且其言曰："苟经界之行，其间条目，官府所虑谓将害民者，官不必虑也，吾民自任之。"其言切矣。故曰"经界为上"。

其次莫若行钞盐。钞盐利害，前帅臣赵汝愚论奏甚详，臣不复重陈。独议者以向来漕臣（陈）岘固尝建议施行，寻即废罢；朝廷又询征广西更改盐法之弊，重于开陈。其实不然。广西变法，无人买钞，因缘欺罔。福建钞法，才四阅月，客人买钞，几登递年所卖全额之数。止缘变法之初，四州客钞辄令通行，而汀州最远，汀民未及搬运，而三州之贩盐已番钞入汀，侵夺其额，汀钞发泄，以致少缓。官吏取以藉口，破坏其法。今日之议，正欲行之汀之一州，奈何因噎而废食耶？故曰"钞盐次之"。

奏疏字字透出辛弃疾以人为本，执政为民的

治国理念。光宗赵惇很快就允准了辛弃疾的请奏。

汀州百姓们对两项仁政反应十分热切，他们无比感念辛弃疾的功德。一时间，辛弃疾那颗被冷落了整整十年的心终于再次滚烫起来。他再次体会到自己矢志为国的价值所在，他又找回了十几年前奋发作为，造福一方的激情和斗志。

诏赴临安　光宗召对

宋光宗绍熙三年（1192 年）年底，辛弃疾接到了朝廷的一纸诏令，让他顿时感到措手不及。诏令内容很简单，赵惇已任命通奉大夫、显谟阁学士、当朝帝师郑侨为新任，兼福州知州。至于之前一直兼任安抚使和提点刑狱的辛弃疾，则需即刻赶往京城临安。

皇上怎么突然间要传召自己呢？辛弃疾百思不解。他依然记得第一次临安召对时，端坐龙椅之上的赵昚是如何对待自己的。所以，他对于此次赴京都面见光宗皇帝并没有抱新的希望。启程之前，好友陈岘（字端仁）为他设宴饯行。送别宴上，辛弃疾就着上头的酒兴，再次用一首《水调歌头·壬子三山被召，陈端仁给事饮饯，席上作》表达内心的失望和落寞：

长恨复长恨，裁作短歌行。何人为我楚舞，听我楚狂声？余既滋兰九畹，又树蕙之百亩，秋菊更餐英。门外沧浪水，可以濯吾缨。　　一杯酒，问何似，身后名。人间万事，毫发常重泰山轻。悲莫悲生离别，乐莫乐新相识，儿女古今情。富贵非吾事，归与白鸥盟。

可是即便自己有心退回山林，与白鸥结盟，此时也无可奈何。皇命在诏，怎能不从？就这样，辛弃疾于绍熙四年（1193 年）正月初四，来到了临安。

十年不见，临安城风景依旧，只是朝堂上却换了容颜。在位 27 年的孝宗皇帝赵昚已经禅位，可新上位的光宗赵惇不仅没有他父皇的志向和才能，还体弱多病，懦弱无能。更为人诟病的是，他在皇后李凤娘的挑唆下，与自己的父皇离心离德。可想而知，这位光宗皇帝是难有收复进取之心的。

那日，光宗赵惇在偏殿接见了辛弃疾。龙椅

上的他病恹恹的，面色上毫无生气。跟辛弃疾简单客套几句后，他便直接开问：“爱卿对如今的时局可有何想法？”

“陛下，微臣以为当下要重点关注的还是国防，特别是荆襄上游的防守问题。”辛弃疾恭敬地答道。

“哦？说来听听。”赵惇示意辛弃疾说下去。

“陛下，臣以为荆湖北路和襄阳地区分别而治，不利于上游防守，会给金人造成可乘之机。为了稳固江南，我们应该合二为一，使其首尾呼应，守望相助。这样不但可以防守，一旦天下有变，还可以夹击金人……”辛弃疾慷慨激昂地说着。

然而光宗却听得昏昏欲睡，光宗说：“如今天下太平，正是养精蓄锐的时候，如果我们现在调兵，反而引起金人猜忌，说不定会挑起两国争端。”

辛弃疾一听这话，心里简直要气乐了。他耐着性子说：“臣以为，天下之势有离合，合必离，离必合，如今我们正处于离合冲突时期，如果不能把握机会，有可能被其他势力打败。”

光宗好奇地问：“‘其他势力’是什么意思？”

辛弃疾口气严肃地答道：“金人以北的蒙古势力。臣斗胆推测，金国日后必然会被蒙古势力吞并，而那个时候，我们真正的危险就来了！”

光宗听糊涂了，他问：“金人亡国，我们不是就可以趁机收复河山了吗？何来危险一说？”

“陛下，鹬蚌相争渔翁得利，如今宋金两国对立，可能不会关注背后的第三者。但是若是宋金双方力量持续消耗下去，蒙古势力必然会渔翁得利。”辛弃疾急切地说。他继续解释道：“臣的话绝不是危言耸听，古人云‘若无远虑，必有近忧’。臣只希望陛下居安思危，任贤使能，备马练兵，防患于未然。”

见光宗对自己的话不置可否。辛弃疾又赶紧献上了自己来之前写好的奏章《论荆襄上流为东南重地疏》。奏疏中说：

> ……陛下胡不自江以北，取襄阳诸郡，合荆南为一路，置一大帅以居之，使壤地相接，形势不分，首尾相应，专任荆襄之责；自江以南，取辰、沅、靖、澧、常德合鄂州为一路，置一大帅以居之，使上属江陵，下

连江州，楼舰相望，东西联亘，则前可以专任鄂渚之属。任既专，守备自固，缓急之际，彼且无辞以逃责。如此，上流之势固不重哉！外不失两路之名，内可以为上流之重，陛下何惮而不为？

虽然，臣闻之：天下之势有离合，合必离，离必合，一离一合，岂亦天地消息之运乎？周之离也，周之能合，秦为驱除，汉故合之。汉之离也，汉不能合，魏为驱除，晋故合之。晋之离也，晋不能合，隋为驱除，唐故合之。唐之离也，唐不能合，五季驱除，吾宋合之。然则已离者不必合，岂非盛衰相乘、万物必然之理乎？厥今夷狄，物伙地大，德不足，力有余，过盛必衰，一失其御，必将豪杰并起，四分五裂。然后有英雄者出，鞭笞天下，号令海内，为之驱除。当此之时，岂非天下方离方合之际乎？以古准今，盛衰相乘，物理变化，圣人处之，岂非慄慄危惧、不敢自暇之时乎。故臣敢以私忧过计之切，愿陛下居安虑危，任贤使能，修车马，备器械，使国家屹然有金汤万里之固，天下幸甚！

社稷幸甚！

尽管被弃用了十年，但辛弃疾始终以国家为重，处处为国家长远考虑，殚精竭虑为国家筹谋。他的《论荆襄上流为东南重地疏》站在历史的高度总结治国的经验教训，推测南北分裂的发展前景，预估到未来一定会有新的势力号令海内，统一全国。而在新的统一到来之前，他请求南宋朝廷预备应变之际。

可惜他此刻面对的君主却没有他这样的远见卓识。他的话在光宗皇帝看来，确实是“私忧过计”了。此次诏对之后，辛弃疾被授予一个太府少卿的闲职，入职太府寺。太府寺主管国家财货政令，以及库藏出纳、商税、贸易等事务。辛弃疾就是去这个部门做一个没有实权的副手。

不过，半年后，辛弃疾就被光宗赵惇提拔为集英殿修撰并重新派他做福州知州兼福建安抚使。皇帝委任书上写道：

六闽粤区，三山为一都会，地大物阜，甲于东南，负山并海，绵亘数千里，举听命于大府，连帅之选，岂云易哉。尔以轶群之

> 才，早著事功，寿皇三畀大藩，宠以论撰之华，于今几二十年。召对便朝，擢长外府，益平生豪爽之气，而见温粹之容，朕心嘉焉。比居外台，谳议从厚，闽人户知之。升之集贤，增重阃寄。往其为朕布宣德意，抚吾赤子，以宽一面之顾忧，朕岂汝忘哉。

皇帝这番话说得极为精彩，也非常恳切。他既说明了福建的重要战略地位，又高度评价了辛弃疾的政治才能，尤其肯定了他在孝宗时期三任封疆大吏的政绩。赵惇希望辛弃疾能够继续发挥才能，帮助他看护好福建那块重地。

这是辛弃疾第四次被委派为一方主帅，意外之余，他也颇为感动。于是，他怀着为皇帝布宣德意，安抚百姓的使命再次出发了。

而此时，三山大地，欢欣鼓舞，闽中百姓正在翘首以盼，等待着辛弃疾的归来。

重回三山　痛失知己

福州别名“三山”，城内于山、乌石山、屏山三山鼎立，景色宜人，物产丰厚。辛弃疾曾在词中夸赞道：“自是三山颜色好，更著雨婚烟嫁。”

八月，辛弃疾风尘仆仆从临安回到他曾夸赞“颜色好”的福州。此次归来，这里的山山水水显得格外亲切。辛弃疾踌躇满志，决心要用自己的全部力量来守护三山大地，让这里成为东南的一道钢铁屏障。

先要解决的依然是吃饭问题。福建多山，少田，而人口众多。长期以来，福建的粮食供应问题一直得不到很好的解决。每遇歉收之年，要去江浙一带购买大量粮食。福建目前还存在财政不堪重负的问题。财政压力主要来自两方面，一是宋室南渡之后，在福州留下一支宗室，他们的日常消费和生活费用都由福州地方官府供应，当时只有两百余人，每年需要三万贯钱，如今这支宗室人口繁衍，费用更加浩繁；二是福建为抵御“海寇”养着数量庞大的军队。

为了扭转这种局面，辛弃疾制订了理财计划，加强税赋的征收和管理。他主张开源节流，专门设立“备安库”，把节约的钱全部存入库中，以备缓急之用。不到一年，库中就攒了50万缗。等到秋收之后，粮价回落，就从备安库中取出部分钱，购进二万石粮食，以应付赵姓宗室和军队之需。

有了足够的粮食，就有备无患，纵然遇上荒年，也能心中不慌。

与此同时，辛弃疾又着手整顿军队。他认为“福州前枕大海为贼之渊，上四郡民，顽犷易乱”，如果没有一支强有力的地方武装，就不可能确保福建一路的稳定和安宁。因此，除动用备安库中存款买粮食的计划之外，他还计划打造一万副盔甲，招兵买马，以充实军队，加强军事训练，打造一支像湖南飞虎军那样的队伍。

辛弃疾操办的第三件大事，就是拨款修建福州郡学。宋朝是中国传统文化全面发展、高度繁荣的时代，南宋时期，大批北方士人移居江南，促进了江南经济文化的发展，福建也不例外。辛弃疾顺应时代潮流，修建郡学，扩大规模，让更多的平民子弟入学读书，为他们提供进身的机会。

正当辛弃疾热火朝天地在福建推行他的治理措施时，陈亮病逝的消息却突然传到他耳边。闻此噩耗，辛弃疾痛哭失声。他万万没有想到自己的挚友陈亮就这样撒手人寰。去年春天，陈亮已考中进士，还被光宗亲自擢为状元，授建康军节度判官。当时，辛弃疾就在临安，得到这个喜讯后，他为好友高兴了很久。陈亮衣锦返乡之前，他还特地前去送行，二人相约从此以后南北呼应，切切实实做一番事业。可是他万万没想到陈亮官袍还未加身，就身患重病，与世长辞。“同甫啊同甫，你壮志未酬，就这样离我而去！老天啊老天，你为什么如此不公？”辛弃疾捶胸顿足，叩问苍天。

一连几天，辛弃疾茶饭不思，脑海中全是有关陈亮的片段。那年的鹅湖之会，那些把酒畅聊的夜晚，那些千里传书相互鼓励的日子，一幕幕，如在昨日。他们说好的，要一起“醉里挑灯看剑”，要一起“天下适安耕且老”，可如今二人却天人永隔，再不能相见。以后，他满心的哀苦还能向谁倾诉呢？最后，辛弃疾只能把无限的悲怆化作一篇《祭陈同甫文》：

> 呜呼！同甫之才，落笔千言，俊丽雄伟，珠明玉坚，人方窘步，我则沛然。庄周李白，庸敢先鞭。
>
> 同甫之志，平盖万夫，横渠少日，慷慨是须，拟将十万，登封狼胥。彼臧马辈，殆其庸奴。

天于同甫，既丰厥禀：智略横生，议论风凛。使之早遇，岂愧衡伊。

行年五十，犹一布衣，间以才豪，跌宕四出。要其所厌，千人一律，不然少贬，动顾规检，夫人能之，同甫非短。

至今海内，能诵之书。世无杨意，孰主相如？

中更险困，如履冰崖，人皆欲杀，我独怜才。

脱廷尉系，先多士鸣，耿耿未阻，厥声浸宏。盖至是而世未知同甫者，益信其为天下之伟人矣。

呜呼！人才之难，自古而然。匪难其人，抑难其天。使乖崖公而不遇，安得征吴入蜀之休绩？太原决胜，即异时落魄之齐贤。方同甫之约处，孰不望夫上之人，谓握瑜而不宣？今同甫发策大廷，天子亲置之第一，是不忧其不用；以同甫之才与志，天下之事孰不可为？所不能自为者天靳之年。

闽浙相望，信问未绝，子胡一病，遽与我诀！呜呼同甫，而止是耶？

而今而后，欲与同甫憩鹅湖之清阴，酌瓢泉而共饮，长歌相答，极论世事，可复得耶？

千里寓辞，知悲之无益，而涕不能已。呜呼同甫，尚或临监之否？

写完这篇文章，辛弃疾仿佛被抽走了全部精神，他颓然地靠坐在榻背上，久久无语。

陈亮离去的悲痛还在心中萦绕，福建任上又有挫折出现。他此前一直积极推行的“经界”和“钞盐”法几乎难以推进，手下官吏阳奉阴违，不肯认真察验土地所有权。朝中大臣也风言风语，说他扰民害民。在这种情况下，辛弃疾有点心灰意懒，萌发了归隐的念头。可是他的大儿子却强烈反对他辞职，竭力劝他留在官场，也好多挣几年俸禄，以添置田产。儿子的态度让辛弃疾勃然大怒，于是，他写下了那首著名的骂子词《最高楼·吾拟乞归，犬子以田产未置止我，赋此骂之》：

吾衰矣，须富贵何时。富贵是危机。暂忘设醴抽身去，未曾得米弃官归。穆先生，陶县令，是吾师。　　待葺个园儿名“佚

老”，更作个亭儿名“亦好”，闲饮酒，醉吟诗。千年田换八百主，一人口插几张匙。便休休，更说甚，是和非。

在我国诗歌史上，写诗词骂儿孙的作品并不多。辛弃疾的这首骂儿子的词在宋词中是独一份的。这首词体现了辛弃疾“富贵是危机”的价值观以及洁身自好、安贫乐道的人格魅力。他做官绝不是以升官发财为目的，而是真正地为国谋福，为民谋利。他的一片苦心没有白费，儿子被责骂之后，常能以此词警策自己，一生没有做出辱没父亲英名的事情来。辛弃疾死后，家无余财，仅留下了平生所写的600多首诗词，以及满屋的藏书。

什么是真英雄，什么是真豪杰，像辛弃疾这样赤胆忠心，一心一意图报国家的人才是真英雄，像辛弃疾这样竭尽全力为民做事，视富贵如浮云的人才是真豪杰。所以，历史的江河滔滔向前，辛弃疾的故事代代相传。

政局变动　又遭弹劾

当辛弃疾在福建尽心尽力处理政务时，朝廷内部却又风起云涌，暗潮涌动，一场新的变局即将发生。

事情还要从宋光宗赵惇身上说起。赵惇继位初，确有革故鼎新之意，能听取臣下谏言，也裁汰了一些不肖者。但他生性懦弱，敏感多疑，还非常惧内，并且偏偏他的皇后李凤娘又是一个是非不分、阴毒狠辣的女人。

李凤娘在做太子妃时就喜欢向宋孝宗告状，说赵惇身边人的不是。宋孝宗很不喜欢这个儿媳妇，当下便斥责她。如是几次后，李凤娘就对赵昚产生了很大的仇恨心理。她做了皇后之后，便百般打压自己的公公，经常在丈夫耳边说公公的坏话。在李凤娘的挑唆下，赵惇就对自己的父皇起了芥蒂之心。后来在立储问题上，父子二人意见严重相左，进一步激化了原有的矛盾。赵惇想立自己的嫡子嘉王赵扩为太子，可是太上皇赵昚却更喜欢魏王赵恺的儿子嘉国公赵柄。赵昚的态度让赵惇觉得自己的父皇不仅对嘉王的太子地位，甚至对自己的皇位，都是潜在的巨大威胁。在别有用心的李后和宦官们不断离间挑拨下，这种恐惧感逐渐成为赵惇心头挥之不去的阴影，其心理和精神压力越来越大，最终导致他无端猜疑和极度偏执的症状。他视赵昚居住的重华宫为畏途，不再定期前去问安，还尽可能躲避着赵昚。

绍熙五年（公元 1194 年），太上皇赵昚得病，赵惇竟然一次也不去探视。亲生儿子冷落自己到这种地步，赵昚心中充满了失望和悲愤的情绪，病情急转直下。赵惇这种不孝的行为遭到了人们的谴责，太学生们听说赵惇在太上皇病重之时竟然还在后宫玩乐，集体写了一篇《拟行乐表》讽刺赵惇不孝。为了维护光宗的声誉，安抚人心，稳定政局，丞相留正率领赵汝愚、陈骙、余端礼等大臣求见赵惇，请求他前往重华宫看望太上皇。赵惇不听，拂袖而去。留正紧拉赵惇的衣襟苦苦进谏，赵惇仍不为所动，自回内宫，群臣只得恸哭而退。这时，都城百姓对赵惇的强烈不满也不加掩饰地表露出来，大街小巷里都在议论赵惇的不孝行为。

六月，赵昚驾崩。赵惇仍然不顾百官奏请，连丧事也不肯主持，只得由太皇太后吴氏代其主丧。这种违背传统人伦礼制的行为，令文武百官非常愤怒，大臣们想要光宗退位的想法也越来越明晰。这时丞相留正称病告老还乡，知枢密院事赵汝愚便根据众大臣要求立太子的奏章，及光宗自己也有“历事岁久，念欲退闲”的御批，主张光宗马上退闲，禅位给太子。在有关人员的建议下，赵汝愚请韩侂胄来帮忙劝说太皇太后。韩侂胄，字节夫，相州安阳（今河南安阳）人，北宋名臣韩琦之曾孙，宋高宗皇后吴氏是他的姨妈。在韩侂胄的多次劝说下，太皇太后最后同意了禅位之事。

七月，嘉王赵扩在太皇太后的支持和大臣赵汝愚、韩侂胄等人的拥立下即位，是为宋宁宗。

新皇刚刚继位，朝中就有官员趁机网罗罪名对辛弃疾展开新一轮的弹劾，而且这一回“暴风雨”来得更加猛烈。

就在七月，谏官黄艾上奏说辛弃疾“残酷贪饕，奸赃狼藉”，将辛弃疾筹备的备安库说成是贪污公款的小金库，而辛弃疾雷厉风行地杀掉一些罪大恶极的盗贼自然也成了他的罪状。辛弃疾因此被免除了福建安抚使的职务。

同年九月，御史中丞谢深甫又弹劾辛弃疾“交结时相，敢为贪酷，虽已黜责，未快公论”，意思就是辛弃疾跟当朝的宰相互相勾结，敢于做贪污、严酷的事情，虽然其已受到免职和申斥的责罚，但大家觉得还不够痛快。这次弹劾的结果是，辛弃疾受到了降两级的处分，他的职名由“集英殿修撰”降为“秘阁修撰”。

就这样，一心以身许国的辛弃疾复出仅仅两年，就再次遭遇贬黜。虽然在福建还有太多心事未能了结，还有太多想法未能实践，但他也不得不收拾行囊，返回信州。

在归途中，辛弃疾路过南剑州（今福建南平），登上了著名的双溪楼。站在楼上举目远眺，江水茫茫，山高入云，辛弃疾心中百感交集，在悲愤中写下了一首怀古伤今之词：

> 举头西北浮云，倚天万里须长剑。人言此地，夜深长见，斗牛光焰。我觉山高，潭空水冷，月明星淡。待燃犀下看，凭栏却怕，风雷怒，鱼龙惨。　　峡束苍江对起，过危楼，欲飞还敛。元龙老矣，不妨高卧，冰壶凉簟。千古兴亡，百年悲笑，一时登览。问何人又卸，片帆沙岸，系斜阳缆。（《水龙吟·过南剑双溪楼》）

词的上片用比喻象征手法，反映抗金事业的艰难，官场黑暗的现实，吐露忧国忧民的思想。词的下片写自己的经历，用“峡束苍江”比喻英雄受制于时局的窘境，然后以“不妨高卧，冰壶凉簟”这样故作平静的语调掩饰自己内心的矛盾：明明关心国家前途命运，可自己无权无职，只能故作达观地归隐山野。

写完一首词，他心中的情绪还是那么激荡，于是他又写下一首《瑞鹤仙·南剑双溪楼》：

片帆何太急？望一点须臾，去天咫尺。舟人好看客。似三峡风涛，嵯峨剑戟。溪南溪北。正遐想幽人泉石。看渔樵指点危楼，却羡舞筵歌席。　　叹息。山林钟鼎，意倦情迁，本无欣戚。转头陈迹。飞鸟外，晚烟碧。问谁怜旧日，南楼老子，最爱月明吹笛，到而今扑面黄尘，欲归未得。

真要归隐了，他心里又很留恋官职。因为再不尽如人意的官职，也能有施展才能的机会，也能为国为民做一点事情。可是，现在他连这点机会都没有了。

辛弃疾就是这样一路观山逛景，一路感慨万千，一路作词抒怀，慢慢地走回信州的家中。他以为自己从此闲居在家，就不会再有是非惹上身了。可惜，人心险恶超乎想象。

虽然他人已经离开官场，可关于他的弹劾却还在继续。宋宁宗庆元元年（1195 年）十月，新上任的御史何澹再次弹劾辛弃疾，说他："酷虐裒敛，掩帑藏为私家之物，席卷福州，为之一空。"这话说得真狠，意思是辛弃疾严酷暴虐，聚敛钱财，把公家放财物的仓库封起来当成是自己的，将福州都搜刮得一穷二白了。这一状告下来，辛弃疾"秘阁修撰"的职名也没了，只剩一个"主管武夷山冲佑观"的祠禄官。

弹劾还没有完。宋宁宗庆元二年（1196 年）九月，又有监察御史以"赃汙恣横，唯嗜杀戮，累遭白简，恬不少悛"的罪名弹劾辛弃疾。这次给辛弃疾的罪名就太无耻了，意思是说辛弃疾贪污、好杀，多次被弹劾，但仍然不知道悔改，因此建议将辛弃疾担任福禄官的资格都取消，免得他还有东山再起、为非作歹的机会。于是，辛弃疾"主管武夷山冲佑观"的祠禄官也被剥夺了，在官场上几乎是一无所有了。

面对无休止的诋毁和弹劾，辛弃疾内心气愤难掩，他写下了一首《兰陵王·赋一丘一壑》以表明心迹：

> 一丘壑，老子风流占却。茅檐上，松月桂云，脉脉石泉逗山脚。寻思前事错，恼杀，晨猿夜鹤。终须是，邓禹辈人，锦绣麻霞坐黄阁。　　长歌自深酌。看天阔鸢飞，渊静鱼跃，西风黄菊香喷薄。怅日暮云合，佳人何处，纫兰结佩带杜若。入江海曾约。
> 遇合。事难托。莫击磬门前，荷蒉人过，仰天大笑冠簪落。待说与穷达，不须疑着。古来贤者，进亦乐，退亦乐。

英雄失意，寄情山水。虽然辛弃疾的凌云壮志遭遇现实的拘禁，但是他内心从未有过妥协。他进亦乐，退亦乐，永远以积极昂扬的心态面对向下按压他的力量。

第七章
使世相忘却自难

移居铅山　相伴瓢泉

几年前，辛弃疾在信州闲居期间，曾经在铅山的奇师村发现一口周氏泉。泉有两口，其一圆若臼，其一直若瓢，周围皆山石，高约四尺，水从半山喷下，流入臼中，而后入瓢，其水澄澄可见。这口清泉让他流连忘返，爱不思归，当夜就留宿泉边农户家。

夜阑人静时，听得泉水呜咽，他心有所感，还曾作词一首：

飞流万壑，共千岩争秀。孤负平生弄泉手。叹轻衫短帽，几许红尘；还自喜：濯发沧浪依旧。　　人生行乐耳，身后虚名，何似生前一杯酒。便此地结吾庐，待学渊明，更手种门前五柳。且归去父老约重来；问如此青山，定重来否？（《洞仙歌·访泉于奇师村，得周氏泉，为赋》）

后来，他花钱买下了周氏泉，决定在泉边建几所房子，以后在此颐养天年。房子建成后，他把周氏泉改名为瓢泉，并写了一首诗来纪念：

稼轩何必长贫，放泉檐外琼珠泻。乐天知命，古来谁会，行藏用舍？人不堪忧，一瓢自乐，贤哉回也。料当年曾问："饭蔬饮水，何为是，栖栖者？" 且对浮云山上，莫匆匆去流山下。苍颜照影，故应流落，轻裘肥马。绕齿冰霜，满怀芳乳，先生饮罢。笑挂瓢风树，一鸣渠碎，问何如哑。（《水龙吟·题瓢泉》）

辛弃疾视瓢泉如珍珠，并以颜回自诩，表示自己也能一箪食，一瓢饮，不改其乐。这也是他将周氏泉改名为瓢泉的真实用意。从那以后，他便来往于上饶带湖和铅山瓢泉两地。

如今，再次罢官归来，辛弃疾不禁暗自庆幸：

幸亏几年前又觅得瓢泉，否则那片小小的带湖如何承载自己这一身的失落和哀愁。所以，回到信州不久，辛弃疾就决定扩建瓢泉的居所，以方便日后到此定居。并且他把奇师村的名字也改为了“期思”。

庆元元年（1195 年），辛弃疾的瓢泉新居全部扩建完工，他高兴地写了一首《沁园春·再到期思卜筑》：

> 一水西来，千丈晴虹，十里翠屏。喜草堂经岁，重来杜老；斜川好景，不负渊明。老鹤高飞，一枝投宿，长笑蜗牛戴屋行。平章了，待十分佳处，着个茅亭。　　青山意气峥嵘，似为我归来妩媚生。解频教花鸟，前歌后舞；更催云水，暮送朝迎。酒圣诗豪，可能无势，我乃而今驾驭卿。清溪上，被山灵却笑：白发归耕。

词中描述了瓢泉四周的美景，河水蜿蜒向东流去，水上晴空万里映射长虹，群山绵延十里，犹如一座绿色屏障。最开心的是，建在这里的房子终于完工了，从此可以像陶渊明一样，与山花、美酒相伴，躬耕田园，自在惬意。

为了庆祝瓢泉新居建成，辛弃疾特意设下酒席邀请朋友来做客、参观。席间有人就问他：“您说您是好静，才来瓢泉寻找安静，可是这里泉声绕屋而响，怎能取静呢?”这时候，辛弃疾已经喝得醉眼蒙眬，一时间竟没有反应过来。而另外一个客人则笑着替辛弃疾回答道：“此话不然。前人有诗云‘蝉噪林逾静，鸟鸣山更幽’，蝉声高唱，树林才显得格外宁静；鸟鸣声声，深山里倒比往常更清幽。如今有了泉水叮咚作响，方显得此地幽静。”辛弃疾听得这个回答后，不由得开怀大笑，连连称赞答得妙。第二天酒醒之后，他特意写下一首抒山水之乐、言动静之趣的小品词，送给这位替他答话的朋友。

水纵横，山远近，拄杖占千顷。老眼羞明，水底看山影。试教水动山摇，吾生堪笑，似此个青山无定。　一瓢饮，人问“翁爱飞泉，来寻个中静；绕屋声喧，怎做静中境?”“我眠君且归休，维摩方丈，待天女散花时问。”(《祝英台近·与客饮瓢泉，客以泉声喧静为问，余醉，未及答，或者以“蝉噪

林逾静”代对，意甚美矣，翌日为赋此词以褒之》）

不知是巧合，还是天意。一年后，辛弃疾在带湖的房屋突然起了大火，全部房舍和家当毁于火灾。他们一家不得不搬到瓢泉居住。也是这一年，辛弃疾受弹劾被削去了为官的一切名衔，彻底失去了生活来源。紧接着，他的夫人范氏又得了重病，更让辛弃疾的生活雪上加霜。

因为一时间拿不出治病的医药费，辛弃疾只好叫来一名叫作“整整”的歌姬，指着她对大夫说：“只要您能治好我夫人的病，我就把整整送给您。”要知道，在封建王朝时代，达官贵族家里都会供养歌姬舞姬，特别是在宋朝，蓄养歌姬是当时文化圈的一种习惯，文人雅士们可以把自己填的词，交给歌姬们去编排演唱。辛弃疾家中也养了如田田、钱钱、整整、香香、粉卿等多名歌姬。

没过多久，夫人的病终于被治好了。辛弃疾也需要履行诺言，把整整送走。辛弃疾虽然内心万般不舍，但也无可奈何。临别之际，他写了一首词赠给整整：

医者索酬劳，那得许多钱物？只有一个整整，也盒盘盛得。　　下官歌舞转凄惶，剩得几枝笛。观着这般火色，告妈妈将息。

这首词的词牌名叫《好事近》，可是通篇全是落寞和感伤。接下来的日子，辛弃疾陆续把其余的歌姬都遣散了。每送走一个，辛弃疾就写首诗词感慨一番，比如送别钱钱时写的是《临江仙·侍者阿钱将行，赋钱字以赠之》，送别粉卿时写的是《鹊桥仙·送粉卿行》。

对辛弃疾来说，告别歌姬，不是单纯地告别一两个美人，而是告别一种生活方式，告别旧时光。从此以后，天涯路远，美人隔云端，过去那种红袖添香、笙歌不断的日子也渐渐远去，而他再也不能像从前那样做着金戈铁马的梦了！

在这段困顿时期，他曾写过一首特别的《水龙吟·爱李延年歌、淳于髡语，合为词，庶几高唐、神女、洛神赋之意云》：

昔时曾有佳人，翩然绝世而独立。未论一顾倾城，再顾又倾人国。宁不知其，倾城倾国，佳人难得。看行云行雨，朝朝暮暮，阳台下，襄王侧。　　堂上更阑烛灭，记主人留髡送客。合尊促坐，罗襦襟解，微闻芗泽。当此之时，止乎礼义，不淫其色。但啜其泣矣，啜其泣矣，又何嗟及。

辛弃疾用集句的方式写出了一种哀愁的预感，彩云易散琉璃碎。在他的词句里，我们能感受到他内心的敏感和细腻。而他对生活怀有的这种哀愁的预感是超越时代的，在几百年之后的《红楼梦》里，我们同样也能感受到这种感伤，彩云易散，盛极必衰。

有人也许会问，这还是那个胸怀天下，志在沙场的豪杰辛弃疾吗？当然是。面对家国天下，他可以雄浑壮烈，气势恢宏，可是面对家人，他会温柔多情，细腻敏锐。无论流露哪一种情感，他都是真挚的。无论展现性格的哪一面，他都是真实的。

因为一个真正有赤子之心的人，对公对私，都会满怀热情，都会全情投入。

庆元党禁　朱熹离世

在辛弃疾的生活陷入困顿中的时候，南宋王

朝的朝政也不太平。

绍熙五年（1194 年）七月，宁宗赵扩即位后，赵汝愚与韩侂胄因为论功封赏的问题产生矛盾。韩侂胄是赵扩妻韩氏的叔父，又在赵扩继承皇位的事件中有“定策之功”，所以他希望宋宁宗封他为节度使。可赵汝愚却从中反对，认为“外戚不可言功”。最终，韩侂胄只官升一阶，被授为宜州观察使。而赵汝愚则升为右丞相，还以独相的身份执政。因此，韩侂胄对赵汝愚怀恨在心。当他逐渐获取宋宁宗的信任后，就开始伺机打击赵汝愚。

这时候，朱熹及其门人被赵汝愚召到朝中任职。朱熹做了焕章阁待制兼侍讲，即皇帝的顾问和教师。朱熹对韩侂胄把持皇帝内批权的行为非常不满意，所以在给皇帝讲书的时候，曾多次劝皇帝重用君子，不要亲近小人。他还上书给皇帝：“陛下即位未能旬月，而进退宰臣，移易台谏，皆出陛下之独断，中外咸谓左右或窃其柄，臣恐主威下移，求治反乱矣。”

韩侂胄自然对朱熹的言论特别不满，再加上朱熹是赵汝愚推荐的人，所以，他就先拿朱熹开刀。他联合自己安插在各个部门的党羽，时不时地对朱熹的道学进行攻击。有一次，皇宫里请了一个戏班子演戏。韩侂胄事先买通唱戏的人，叫他们演出时戴上高帽子，穿着宽袖衣服，扮成道学家的样子，说台词时故意把道学家的性理学说变成诙谐的语言，以此攻击道学。看戏时，韩侂胄有意坐在宁宗身边，见机进言说："朱熹是个迂腐的老头，不可以再重用他了。"宁宗本来就听不进去朱熹讲经，经韩侂胄一挑拨，第二天便下诏让朱熹告老还乡了。陈傅良、刘光祖、彭龟年等人纷纷上奏，劝宁宗挽留朱熹。结果，宁宗把这几个人也一同罢了官。

朱熹被罢职之后，曾写信提醒赵汝愚："当用厚赏酬其劳，勿使得预朝政。"意思是，你可以用重金赏赐韩侂胄，但千万不要留这个人在朝中。可是赵汝愚根本没有把韩侂胄当回事。结果，没过多久赵汝愚就遭到了韩侂胄的猛烈攻击。

庆元元年（1195 年）二月，韩侂胄指使言官李沐、谢深甫先后奏称赵汝愚以宗室之亲担任宰相，不利于社稷安定。宋宁宗遂免去赵汝愚的丞相之职，将他外放为福州知州。后来，韩侂胄又指使党羽以"唱引伪徒，谋为不轨"的理由弹劾赵汝愚，于是，宋宁宗贬赵汝愚为宁远军节度副使。庆元二年（1196 年），赵汝愚在衡州暴毙。时人多认为是韩侂胄毒害的。

赵汝愚在短短的一年执政期间，重用了一批以朱熹为代表的理学人士，深得他们的拥护。他的去位和不得善终，在儒林引起一片哗然。临安城的墙壁上，几乎每天都有悼念他的诗文贴出来。以太学生为主的相关人员纷纷上书为赵汝愚鸣冤，要求严惩凶手，矛头直指韩侂胄。韩侂胄大怒，为了彻底消除赵汝愚的影响，他假借学术之名策划了一场更大的迫害政敌的阴谋。

韩侂胄将朱熹为代表的理学斥为伪学，大加鞭笞。他不仅禁毁理学家的《语录》一类书籍，就连六经、《论语》《孟子》《中庸》《大学》等儒家经典也被定为禁书。科举考试中，稍涉义理之学者，一律不予录取。他将自己的政敌都纳入"伪学逆党"，并宣布了一个包括赵汝愚、朱熹、周必大、叶适、吕祖谦、蔡幼学等 59 人在内的"伪学逆党"名单，凡是与名单相关者皆不能担任官职，参加科考。辛弃疾就是因为与朱熹、赵汝愚交往密切而受到牵连，所以受到"落职""罢宫观”的处分。这一事件就是历史上有名的“庆元党禁”。

在当时的情况下，南宋的士大夫们纷纷与朱熹一门划清界限，就连朱熹的徒孙弟子中也有人改换门庭，甚至改变衣帽穿着，在闹市街区店铺中随意游玩，以此来区别自己不是“逆党”。可是辛弃疾却在风口浪尖上，依然与朱熹保持频繁的书信往来。这份患难之中的真情，赢得了世人的钦佩、赞叹。

庆元四年（1198 年），辛弃疾恢复了“主管建宁府武夷山冲佑观”的身份，家庭的贫困状况有所缓解。家里上上下下都为他感到高兴，劝他遵守朝廷禁令，珍惜这份俸禄。但是他却不顾伪学之禁的严厉，常常借这个身份跑往武夷山中去和朱熹会面，全然不顾及这份俸禄会不会再次丢掉。而朱熹对辛弃疾也更为看重，还特意写下“克己复礼，夙兴夜寐”，为辛弃疾的书房题词。

辛弃疾与朱熹的友谊很不寻常。他们志向不同，性格迥异，然而却相互欣赏和信赖。朱熹欣赏辛弃疾的才干，称赞他“卓荦奇才，疏通远识”“经纶事业，有股肱王室之心；游戏文章，亦脍炙士林之口”。辛弃疾仰慕朱熹的学问修养，认为自唐尧以来，能与朱熹相比的仅有二三人。几年前，他们二人同游武夷山时，辛弃疾还曾写下“山中有客帝王师，日日吟诗坐钓矶”的诗句来赞扬朱熹。

庆元六年（1200 年）三月，朱熹由于久病，“正坐整衣冠，就枕而逝”，时年 71 岁。朱熹死讯传来时，辛弃疾正在家中闲读《庄子》，闻听噩耗，不禁掩卷痛哭。而后，他含泪赋词哀悼道：

> 案上数编书，非庄即老。会说忘言始知道；万言千句，不自能忘堪笑。今朝梅雨霁，青天好。　　一壑一丘，轻衫短帽。白发多时故人少。子云何在？应有《玄经》遗草。江河流日夜，何时了？（《感皇恩·读庄子，闻朱晦庵即世》）

辛弃疾以汉代扬雄（字子云）所作《太玄》比拟朱熹的著作，“江河流日夜，何时了”这一句更化用杜甫的名句“尔曹身与名俱灭，不废江河万古流”。在辛弃疾笔下，朱熹俨然成为屹立在滚滚波涛中的砥柱山，笑看奸佞小丑们一个个为波涛所吞没。

朱熹死后，朝堂上有言官上奏说“四方伪徒聚于信上，欲送伪师之葬。……会聚之间，必无美意，若非妄谈时人之短长，则是谬议时政之得失。”朝廷遂下诏禁止人们赴武夷山参加朱熹的葬礼。朱熹的门生和故旧中果然有很多人因此不敢前去送葬了。

可是辛弃疾不管韩侂胄所下禁令如何严厉，义无反顾地跑到武夷山去拜祭朱熹。站在朱熹的墓前，几年前与朱熹一起同游武夷山的景象依然历历在目，可惜风景依旧，斯人已去。辛弃疾老泪纵横，献上祭文。祭文的全文已经不存在了，流传下来的只有其中的几句：

所不朽者，垂万世名。
孰谓公死，凛凛犹生。

辛弃疾冒死坚守着与朱熹的友情，以实际行动诠释了什么是肝胆相照，也光照出他的伟大人格：坚守道义，不畏权势，坦坦荡荡，有情有义。

年过花甲　起帅浙东

宋宁宗嘉泰三年（1203 年）六月，在铅山闲居了八年的辛弃疾再次接到朝廷的任命书。这一次，南宋朝廷要让他出任绍兴知府兼浙东安抚使。这一官职，负有“京畿”的军政重任，表明了南宋朝廷对辛弃疾的器重。

而南宋朝廷何以突然想起重用辛弃疾了呢？原来庆元党禁并没有持续很长时间，大概前后只持续了五年。随着太皇太后吴氏和皇后韩氏的先后驾崩，韩侂胄在朝廷彻底失去了靠山。这时候，有人提醒韩侂胄：“再不开党禁，将来不免有报复之祸。”韩侂胄颇有触动，于嘉泰二年（1202 年）二月，开始松弛党禁。一大批“伪学逆党”中人先后复官自便，或典州宫观。

解除党禁之后，韩侂胄又想通过立盖世功名以稳固地位。恰好这时候从北方传来金国内忧外患、民不聊生的消息，于是他就产生北伐收复中原的想法。既然要北伐，那就需要主战派人士的支持。所以，他首先想到了一心抗金的辛弃疾。这就是辛弃疾第二次被重新起用的背景。

这一年，辛弃疾已经 64 岁了。他没想到自己过了花甲之年，还能有机会为国效力。那颗永不服输、永不言弃的心又一次欢乐地跳跃起来。这一次他毫不犹豫地出山了，因为人生苦短，如果不珍惜机会，怕再没有时间实现自己的宏图大志了。

绍兴府是古会稽，越王勾践曾在这里卧薪尝胆，报仇雪耻。来到这个充满历史文化意义的地方，辛弃疾的心中突然充满了斗志和力量，他的耳边似乎听到了无数“复仇”的呐喊：

> 秦望山头，看乱云急雨，倒立江湖。不知云者为雨，雨者云乎。长空万里，被西风变灭须臾。回首听月明天籁，人间万窍号呼。
>
> 谁向若耶溪上，倩美人西去，麋鹿姑苏？至今故国人望，一舸归欤。岁云暮矣，问何不鼓瑟吹竽？君不见王亭谢馆，冷烟寒树啼乌。（《汉宫春·会稽蓬莱阁观雨》）

他在词中借暴风骤雨到云散雨收，月明风起这种自然现象的变化，暗示着抗金之路虽然看似曲折，但前途一片光明，广大民众的抗敌呼声如同夜空刮过的西风，将会变成巨大的积极力量影响着时局朝着乐观方向发展。而他的出山正是受到广大民众抗敌呼声的招引。

跟过去一样，上任后的辛弃疾雷厉风行地对绍兴当地的民情、吏治展开了调查和整顿。很快，他了解到浙东地区一些州县官府存在鱼肉百姓的恶劣情况。经过详细调查取证后，他向朝廷上了一道奏折，论述“州县害农六事”。这道奏折的全文没有流传下来，不过史学界可以确定的有两件事：

第一件是关于“折变”的。南宋时期，百姓纳税的方式一般是依据土地多少按比例缴纳谷物为税，通常以每亩一斗为率缴纳谷物。但政府有时需要钱和布帛，就会要求民户改纳钱帛，叫作“折变”。“折变”的具体规定掌握在地方官吏手里，他们在将谷物折合为钱帛时，总是把谷物的价格估高，例如市价每斗五十文，却硬要民户缴纳一百文。如此一来，百姓们背负了沉重的纳税负担，而官吏们却可以从中牟利。

第二件是关于地方官违法向民户多收取“斗面米”和钱货的。辛弃疾具体举了一个例子，以往有一个大吏在某处做都守四年，向民户多收了“斗面米”六十万斛，钱百万余贯，都储存在另外的谷仓和钱库当中。后来他把这六十万斛粮米交出，却假称是用那一百万贯钱买来的，于是这一百万贯钱就进了这个大吏的腰包。对于这样的害民之事，辛弃疾希望朝廷给言官和各地提点刑狱下达命令，让这些人员和部门负起责任，对犯事官员进行监察、弹劾，以儆效尤。

在他当政期间，浙东发生过一起贩盐私商武装暴动的事件，不过，立即被他用铁腕镇压了下去。后来，为了维持绍兴府诸暨县的社会治安，他还奏请朝廷在该县增设县尉一职。

辛弃疾为百姓谋福利，永远是从物质和精神双重层面来考虑的。在绍兴任职期间，他还为当地百姓建立一座秋风亭。修建秋风亭与多年前他在滁州修建奠枕楼的想法是一致的，就是为了给百姓一个休闲娱乐，欣赏美景的场所。秋风亭建好之后，那一年的中秋节也快到了。辛弃疾还像很多年前在滁州时那样，邀请当地文人雅士来亭中相聚，一起饮酒赏景，填词唱和。

那天，细雨蒙蒙，山青林疏，会稽古城一片祥和。辛弃疾站在秋风亭中，望着满目秋色，心里突然无比想念北方的故乡，又想到自己南渡快四十年了，收复北方故土的梦想却还没实现，不禁感慨万千：

亭上秋风，记去年袅袅，曾到吾庐。山河举目虽异，风景非殊。功成者去，觉团扇便与人疏。吹不断斜阳依旧，茫茫禹迹都无。

千古茂陵词在，甚风流章句，解拟相如。只今木落江冷，眇眇愁余。故人书报："莫因循忘却莼鲈。"谁念我新凉灯火，一编太史公书。（《汉宫春·会稽秋风亭怀古》）

当时，他的好友丘崈以及南宋著名词人姜夔也在身边。见辛弃疾情绪不佳，他们二人也纷纷填词附和，予以安慰和鼓励。丘崈，字宗卿，江阴（今江苏江阴）人，他是辛弃疾相交多年的好友，他们二人早年同在建康任职，又共同怀有收复中原的大志，所以他非常理解辛弃疾此刻的心情。他在词中写道：

闻说瓢泉，占烟霏空翠，中著精庐。旁连吹台燕榭，人境清殊。犹疑未足，称主人胸次恢疏。天自与，相攸佳处，除今禹会应无。　　选胜卧龙东畔，望蓬莱对起，岩壑屏如。秋风夜凉弄笛，明月邀予。三英笑粲，

更吴天不隔莼鲈。新度曲，银钩照眼，争看阿素工书。（《汉宫春·和辛幼安秋风亭韵，癸亥中秋前二日》）

随即，姜夔也附和一首：

云曰归欤，纵垂天曳曳，终反衡庐。扬州十年一梦，免仰差殊。秦碑越殿，悔旧游作计全疏。分付与高怀老尹，管弦丝竹宁无。

知公爱山入剡，若南寻李白，问讯何如。年年雁飞波上，愁亦关予。临皋领客，向月边携酒携鲈。今但借秋风一榻，公歌我亦能书。（《汉宫春·次韵稼轩》）

姜夔虽然一生远离政治，但他心系天下，忧国忧民。淳熙年间，他路过扬州，曾自创曲牌写下传世之作《扬州慢》，控诉金朝统治者发动掠夺战争所造成的灾难，谴责南宋王朝的偏安政策。姜夔对辛弃疾非常钦佩和敬仰，此次在秋风亭相聚，应该是他与辛弃疾刚认识不久。他的词里全是对辛弃疾的理解和尊敬。

“江南久无豪气，看规恢意概，当代谁如。”在南宋朝廷之中，已经太久没有人因为国家破碎之事而日夜忧心了，只有辛弃疾还有收复中原的豪情，还在讨论恢复事业。仅凭这一点执着，他就足以赢得人们的尊敬和赞美。

结交陆游　相识恨晚

在担任绍兴知府期间，辛弃疾与一位在后世知名度很高的历史人物有了交集。这人就是南宋大诗人陆游。

陆游，字务观，号放翁，南宋文学家、诗人，越州山阴（浙江绍兴）人，生于北宋徽宗宣和七年（1125 年）。陆游自幼心怀匡扶天下的使命感，主张对金作战，素有恢复中原之志，但他的仕途非常坎坷，多次遭遇打压和贬谪，人生中有一大半时光被迫在家赋闲。宋高宗在位期间，陆游被秦桧打压，秦桧死后才相继担任了福州宁德县主簿、京师敕令所删定官等官职。宋孝宗即位后，他因个性正直，不能迎合上意，先后被贬为镇江府通判、建康府通判、隆兴府通判，甚至被诬告遭免职。44 岁时，他被孝宗重新起用，后来在四川宣抚使王炎的征召下投身军营，有了 8 个月的军旅生活。55 岁那年，陆游再遭弹劾，被迫辞官。

61 岁时，又被宋孝宗起用，担任严州（今浙江桐庐、淳安和建德一带）知州。宋光宗当朝后，陆游因“广开言路”的谏言，再度被主和派群起而攻之，被以“嘲咏风月”为由罢免，第四次回归故里。这次在家赋闲长达十多年。

与辛弃疾一样，陆游也是笔耕不辍，用诗词记录着自己的人生感受。在被贬期间，陆游结合自身的经历写下许多脍炙人口的名篇。如《诉衷情》：

当年万里觅封侯，匹马戍梁州。关河梦断何处，尘暗旧貂裘。　胡未灭，鬓先秋，泪空流。此生谁料，心在天山，身老沧洲。

在词中，陆游对自己的坎坷遭遇进行了回味，表达了空怀壮志、报国无门的无奈。

绍熙三年（1192 年），67 岁的陆游写下有名的《十一月四日风雨大作》：

僵卧孤村不自哀，尚思为国戍轮台。
夜阑卧听风吹雨，铁马兵河入梦来。

这首诗其实是晚年的陆游表达自己坚定抗金、为国雪耻的宣言书，字里行间透着浓浓的爱国激情，让人感动，让人震撼。

宋宁宗嘉泰二年（1202 年），在韩侂胄兴师北伐口号的召唤下，陆游重新出山。那时陆游已是 78 岁高龄的老人了，身体也大不如前，但他仍旧欣然抱病前往，参加了修撰孝宗、光宗两朝实录及三朝史的工作。不过，满怀期冀的陆游很快就失望了，韩侂胄只是借重陆游的名望，对他并不信任，也没有委以重任。陆游曾参与过“隆兴北伐”的准备工作，与之相比，韩侂胄的备战更不充分，陆游深感无奈与忧虑，但他作为编修无权参与和过问北伐大计。一年后，陆游完成了史书修编工作，他就轻轻拂去京城的繁华，悄然离开临安，顺着一叶扁舟回到故乡。

陆游返回绍兴老家还不到一个月，辛弃疾就被任命为绍兴知府兼浙东安抚使。难得的机缘巧合，成就了这两位爱国文人历史性的相见。

嘉泰三年（1203 年）六月，在浙江绍兴山阴一所破旧的草堂边，辛弃疾与陆游终于见面了，他们的双手紧紧握在一起，久久不肯放开，每个人眼里都含着激动的热泪。虽然两人是第一次见面，虽然两人年纪相差 15 岁，但这丝毫不影响他们的心灵沟通。因为他们有着过于相似的人生经历，有着相同的家国情怀，有着同样奔放豪爽的性格，有着同样的目标和方向，所以对他们而言，初识即是重逢。

在度过大半生后相遇，他们英雄相惜，相见恨晚。此时，二人之间的信任与理解，已无须任何铺垫。他们一起回忆往事，陆游当年曾“匹马戍梁州”，辛弃疾则“旌旗拥万夫”，那些峥嵘岁月让他们热血沸腾，共同的英雄豪情让他们千杯不醉，万言不累。

陆游说自己第一次注意辛弃疾是在四十多年前，那一年，23 岁的辛弃疾于敌营中生擒叛将张安国，冲过烽火战场策马南归，受到宋高宗的连声称赞，其年少英雄的形象便深深地印在了陆游的脑海中。

辛弃疾说他一向仰慕陆游前辈的绝世才华，当年读到那首名动京城的《临安春雨初霁》：“世味年来薄似纱，谁令骑马客京华？小楼一夜听春雨，深巷明朝卖杏花。”就被深深折服。

此后，他们经常走动来往，在一起品香茗，谈诗词，讨论天下大事，每一次相聚都仿佛有说不完的话。当时，陆游住在绍兴的鉴湖旁边，周围风景虽好，可他的住宿条件却很差，房子年久失修，已经破败不堪了。辛弃疾常来陆游家里做客，看到他家房子实在破得不像样子，几次提出要为他修建住所，可是都被陆游拒绝了。陆游说房子破一点没有关系，应该把钱用在更有用的地方。陆游甘于清贫的崇高品行，让辛弃疾更加钦佩，他只好暂时不提此事，想着再找机会，一定要把陆游的房子好好修一修。

然而，他还没有等到给陆游修房子的机会，就等来了朝廷的诏书。同年十二月，宁宗皇帝赵扩突然宣他入朝商讨北伐之事。临走前，辛弃疾来向陆游告别。陆游特意写了一首长诗《送辛幼安殿撰造朝》，勉励他为国效命，协助韩侂胄谨慎用兵，早日实现复国大计：

稼轩落笔凌鲍谢，退避声名称学稼。
十年高卧不出门，参透南宗牧牛话。
功名固是券内事，且葺园庐了婚嫁。
千篇昌谷诗满囊，万卷邺侯书插架。
忽然起冠东诸侯，黄旗皂纛从天下。
圣朝仄席意未快，尺一东来烦促驾。

大材小用古所叹，管仲萧何实流亚。
天山挂旆或少须，先挽银河洗嵩华。
中原麟凤争自奋，残虏犬羊何足吓。
但令小试出绪余，青史英豪可雄跨。
古来立事戒轻发，往往谗夫出乘罅。
深仇积愤在逆胡，不用追思灞亭夜。

带着陆游的期待，辛弃疾又一次踏上去往临安的路。这一次，他走得格外从容，格外有力。

觐见宁宗　奏议北伐

宋宁宗嘉泰四年（1204 年）正月，65 岁的辛弃疾满怀北伐的热情来到临安。这是他南归以来第五次接受南宋皇帝的召见，也是第一次能够正大光明地跟皇帝讨论北伐的事情。“苦等一生的抗金机会似乎真的来了!”一想到这个，辛弃疾的脚步不禁又轻快了些。

为了抗金一事，辛弃疾真的是做了太多太多的准备。这么多年来，无论是在职还是赋闲，辛弃疾始终在关心一个问题：如何把金人从中原地区驱逐出去，让国家实现统一？为此，他一直用心搜集着有关金国的情报，一如当年去燕京赶考时一样，把搜集到的信息绘制到地图上。

那么辛弃疾是怎么搜集情报的呢？第一种方式，是通过在金国做外交使臣的朋友了解情况。在宋孝宗统治后期和光宗年间，南宋派往金国做外交使臣的官员大多与辛弃疾有着不同程度的友谊关系，比如丘崈、钱之望、郑汝凯、许及之等都是他相识多年的朋友。通过这些朋友，辛弃疾可以了解到金国社会、经济和军事方面的真实情况。原来，自大定二十九年（1189 年）金章宗完颜璟即位之后，金国内部的阶级矛盾、民族矛盾以及女真贵族之间的内讧日益尖锐。据赴金使臣介绍，华北的广大农业生产区域，在女真人长期侵占破坏之后，变得“草莽弥望，狐兔出没”，到处都是荒地，农业生产已经完全萎缩。各地的农民起义不断涌现，已经发展到非常剧烈的程度。与此同时，金国北部的蒙古势力已经强大起来，对金国构成了极大的军事威胁。蒙古兵马每次打来，金军总是吃败仗。总之，金朝已经处于内忧外患的局面当中。

当然，这些消息不只辛弃疾了解，在南宋朝廷里面，以韩侂胄为首的很多人都对金国的情况有所耳闻，并且这些人都希望金国势力就此衰落下去，也好乘机把丢失的国土收复回来。据《大金国志》记载：金章宗承安五年（1200 年），南宋派遣了一个叫赵善义的官员出使金国。在回来时赵善义与一起陪伴的金国官员因为抢一个下车位发生争执。吵着吵着，赵善义突然来了这么一句："你们国家现在正被北方的蒙古困扰得焦头烂额，你还有心情在这里跟我争车位，你信不信，我们大宋也起兵两面夹攻灭了你们?"虽然赵善义回到南宋后因这次失言而免官，但他这番话也确实是说出了韩侂胄等当权人物的心思。

再说辛弃疾搜集情报的第二种方法，那就是派遣"间谍"到金国刺探军事机密。辛弃疾在绍兴府就任浙东安抚使之后，先后派出很多人潜入金国内部去开展侦察工作，要他们到达金国后，把各地地理形势、官衙和仓库的位置、敌人的兵马数量以及将帅名字和营寨分布情况等，都描绘记录下来。等"间谍"们陆续回来之后，辛弃疾就把探听到的所有军事消息汇总起来，画在一张小小的绢帛上。由此，他比较准确地掌握了敌方目前的军力大小及其军事动向。

巧的是，宋宁宗赵扩这时候要召见他，让他说说北伐的意见。其实，从掌握的情报来看，辛弃疾觉得金国虽然实力大不如前，但是跟南宋打起仗来，其取胜的可能性还是很大的。南宋要想彻底战胜金国，还需要用十年到二十年的时间从各方面充实国力，否则很容易重蹈隆兴北伐的覆辙。不过，当前北伐的呼声很高，若是能趁机争得皇帝北伐的决心和信心，让朝廷从容安排北伐一事，倒也不是坏事。

辛弃疾一路默默地想着心事，不知不觉就来到皇帝议事的大殿门口。还是那座宫殿，只不过龙椅上又是一张新面孔。旁边还站着韩侂胄和一些主战派大臣。

看到韩侂胄时，辛弃疾心里涌起丝丝复杂的情绪，毕竟朱熹、赵汝愚等人都受到过他的迫害。可是目前的北伐大事是他带头张罗的，并且今后还需要继续仰仗他推动北伐。“北伐才是国家当前最要紧的事，个人恩怨要暂时抛开，只要一心一意完成收复大业就好。”想起临行前陆游对自己的劝解，辛弃疾内心便不再纠结。

君臣相见后，宁宗皇帝先是对辛弃疾问候了

一番，然后就开门见山地向他征询目前应否出兵伐金的意见。辛弃疾看得出，如今的这位圣上没有他爷爷孝宗的志向，若是实话实说地告诉他当前不宜出兵，那么北伐一事恐怕又将遥遥无期了。所以，他首先陈述了金国必乱必亡的大趋势，借以加强皇帝的信心和勇气，然后他建议将对金用兵的重任交付给元老大臣，使其积极备战，千万不能仓促行事。“金国必乱必亡，愿付之元老大臣，务为仓猝可以应变之计。”这就是辛弃疾的原话。

辛弃疾之所以强调要将用兵任务交付给元老大臣，就是暗示赵扩要大胆起用像他自己这样的“元老大臣”来负责北伐一事。这是他委婉地进行毛遂自荐。然而，赵扩没有领悟出辛弃疾的言外之意，仍旧将北伐大事完全托付给韩侂胄。至于辛弃疾，赵扩只是把他的职名由集英殿修撰提升为宝谟阁待制，又授予了一个“提举佑神观”的名头。然后，他被留在京都，听候差遣。

同年三月，辛弃疾被改派知镇江府（也称京口）。他又一次远离了决策北伐的核心位置。

紫陌飞尘，望十里雕鞍绣毂。春未老已

惊台榭，瘦红肥绿。睡雨海棠犹倚醉，舞风杨柳难成曲。问流莺能说故园无？曾相熟。　　岩泉上，飞凫浴。巢林下，栖禽宿。恨荼蘼开晚，谩翻红玉。莲社岂堪谈昨梦，兰亭何处寻遗墨？但羁怀空自倚秋千，无心蹴。（《满江红》）

三月春光正好，临安城雕鞍绣毂，瘦红肥绿。可是辛弃疾却无心留恋。来时有多么期待，走时就有多么落寞。可即便他有些不甘，又能怎样？北伐大事终究不能由他来筹谋主导。

第八章
百年雨打风吹却

备战镇江　自许廉颇

镇江，也叫京口，是长江上的一座重镇，也是南京的门户。历史上，孙权曾定都于此，南朝宋刘裕也曾经在这里开启北伐之旅。如此看来，朝廷让辛弃疾担任镇江府知府，似乎是重用之意。可实际上，这不过是韩侂胄利用辛弃疾的名号为自己招揽人心而已。召唤辛弃疾出山北伐，本就是韩侂胄的一个无耻的圈套。

不过，光明磊落的辛弃疾不会用黑暗的心思来揣测别人。虽然他不主张马上出兵北伐，也对自己未能统筹军机重务有所失望，但是既然朝廷派他来镇守镇江，他就会担负好这个责任，竭尽全力地做好镇江的备战工作。

悠悠万世功，矻矻当年苦。鱼自入深渊，人自居平土。　　红日又西沉，白浪长东去。不是望金山，我自思量禹。

这首《生查子·题京口郡治尘表亭》就是辛弃疾到任镇江后所写，他通过怀念和歌颂大禹的伟大业绩，来表达自己渴望力挽狂澜，重整山河的远大抱负。

辛弃疾到任后的第一件事就是迅速清点兵马武备。可是一番清点之后，他发现南宋军队的现状比他预想的还要差劲。辛弃疾心里清楚，四十年前的符离之战，让南宋的军队“闻虏色变”，不堪一击。而他万万没想到四十多年之后，南宋军队反而更不如从前了。在宋金双方多年维持的和平氛围里，南宋军队内部纪律涣散，甚至多年不开展军事演练，以至于士兵们刀不会扛、枪不会使，将领们兵不会带、仗不会打，彻底丧失了战斗力。如今的长江沿线看似有重兵防守，其实不过是做做样子罢了。若要依靠这样的部队去与金军作战，必然是以卵击石的后果。

辛弃疾坐不住了，他忧心忡忡上书朝廷，希望暂缓北伐进度，并提出了四条建议：一是知己知彼，要不断地派间谍深入金国刺探最新的情报。为此，辛弃疾已花费重金培养了一批间谍人才，这些年他们不时会传来最新的情报。但辛弃疾觉得靠自己的力量培养间谍，实在太有限，需要朝廷出面来组织间谍活动。

二是专门招募一批对金直接作战的新兵，组成北伐先锋队。因为自从符离之战以后，南宋官兵对金军产生了畏惧心理，所以真正要渡淮作战的话，必须另在边境地区招募壮丁，组建专门的北伐部队。之所以要在边境地区专门招兵，是因为这里的人从小就习武骑马，经常和金人周旋，即便跟金人面对面打起来，他们也不会因惧怕金人而临阵脱逃。

对此，他在镇江已经有所谋划。他先定做了一万套红色战衣，准备在江淮一带招募一万名壮丁，组建一支像飞虎军一样的新军队，将来渡淮迎敌之用。

第三条建议，就是要让新建的部队与原有的部队分开驻屯，免得他们相互干扰和影响。

第四条建议是尽可能充实壮大沿淮一线的军事力量。具体来说，就是把淮河东西分为两屯，每屯各配备两万人。淮东设在山阳（今江苏淮安），淮西设在安丰（今安徽寿南），都选择依山傍水的地方为屯，把士兵们的家眷都集中在屯里妥善安置，确保他们无后顾之忧。然后再选择优秀的将帅，对他们进行严格的训练。

辛弃疾再三恳切地向朝廷提出请求，先把军队的作战能力抓上去，待万事俱备时朝廷再兴兵也不迟。可是，急于求成的韩侂胄怎么会采纳辛弃疾的建议呢？

既不能参与制订北伐计划，又不能亲自上阵杀敌，甚至自己上奏的几条建议都得不到反馈，这让身处镇江的辛弃疾非常郁闷。

愤懑中的他常常去北固亭散心。北固亭位于镇江城北北固山上，下临长江，三面环水。登亭远眺，依稀可见江北风景，群山逶迤，草木葱郁，天地苍茫，恍若中原。靖康之后，南渡官民思念家乡，常常登楼怀远，因此又将北固亭称为“北顾亭”。

这一天，辛弃疾又站在了北固亭中。望着江

水浩渺的景象，他百感交集：40 多年了，那些心心念念渴望收复中原的人都已离去了。可是如今兴师动众地发动北伐战争，就真的能替那些故去的人实现愿望吗？一时间，他心中万千感慨，于是写下了那首著名的《永遇乐·京口北固亭怀古》：

千古江山，英雄无觅，孙仲谋处。舞榭歌台，风流总被，雨打风吹去。斜阳草树，寻常巷陌，人道寄奴曾住。想当年金戈铁马，气吞万里如虎。　　元嘉草草，封狼居胥，赢得仓皇北顾。四十三年，望中犹记，烽火扬州路。可堪回首，佛狸祠下，一片神鸦社鼓。凭谁问：廉颇老矣，尚能饭否？

这首词是他写给自己的朋友丘崈的，彼时的丘崈正在建康府知府的任上。他们都曾对北伐怀有热切的渴望，如今，同样对仓促备战的北伐充满疑虑和不安。辛弃疾相信丘崈一定能够理解他此刻的心情。

丘崈后来有什么样的回复，历史上没有留下任何记载。但是大词人姜夔这时候却给辛弃疾寄来了一首和词《永遇乐·次稼轩北固楼韵》：

云隔迷楼，苔封很石，人向何处。数骑秋烟，一篙寒汐，千古空来去。使君心在，苍崖绿嶂，苦被北门留住。有尊中酒差可饮，大旗尽绣熊虎。　　前身诸葛，来游此地，数语便酬三顾。楼外冥冥，江皋隐隐，认得征西路。中原生聚，神京耆老，南望长淮金鼓。问当时依依种柳，至今在否。

姜夔虽远离庙堂，但对国家大事一直比较关心。特别是在绍兴与辛弃疾结识以后，姜夔更是时时关注朝廷北伐的动向。得知辛弃疾备战镇江后，姜夔心里自然对他充满期待。所以，读到辛弃疾《永遇乐》一词，姜夔就忍不住和词一首来安慰、鼓励辛弃疾。在这首词里，姜夔对一心报国的辛弃疾“苦被北门留住”的遭遇表达了理解和同情，但同时他又把辛弃疾比作诸葛亮、桓温，用“中原生聚，神京耆老，南望长淮金鼓”几句，鼓励辛弃疾努力完成收复中原的重任。

朋友的理解和鼓励，让历尽沧桑的辛弃疾仍像一个少年一样，感动得热泪盈眶。他抖擞精神，重新投入到繁忙的备战工作中去了。

再遭罢黜　悲愤还乡

为官一任，造福一方。这八个字始终是辛弃疾做官的原则。因此，无论他在哪里为官，都是兢兢业业，恪尽职守。

在镇江期间，辛弃疾除了为备战之事日夜忧心，他还关心民间的疾苦，为镇江百姓一心一意做实事。当时丹徒县县学长期存在经费短缺问题，几乎难以维系办学。辛弃疾得知此事后，立即下令将丹徒县百余亩官田拨给县学做“学田”，以保障师生日常开销。这一举动赢得了当地百姓的真心赞颂：“没有想到，知府大人百忙之中还会关心县学的问题。”

百姓的满意就是对辛弃疾最大的慰藉。然而，百姓们不会知道他们最敬爱的辛大人此时正经历着怎样的内心煎熬。

有一天，辛弃疾读到宋高宗绍兴三十一年（1161 年）拟订的诏书草稿。那一年，金国完颜亮南侵，辛弃疾在山东起义，宋金战争史上发生了著名的采石之战。这份诏书的内容是宋高宗打算御驾亲征。当然诏书最终没有下发，宋高宗也没有亲临战场。

读到这份诏书，想起四十多年来的屈辱，辛弃疾心潮起伏，久久不能平息。他悲愤地在诏书草稿上题跋："使此诏出于绍兴之初，可以无事仇之大耻；使此诏行于隆兴之后，可以卒不世之大功。今此诏与虏犹俱存也，悲夫！"意思是说，假如高宗按这份诏书去行动，就没有后来的奇耻大辱；假如孝宗按此诏书去行动，也可以建立历史上少有的大功。可惜，现在这份诏书还躺在书斋里，仇敌也还在对面，这是多么可悲的事情！

而更让辛弃疾觉得可悲的是，即便现在北伐在即，南宋官员之间依然不能精诚团结，同舟共济。他想要在镇江组建一支新军的想法，竟然遭到了朝中重臣的一致反对。辛弃疾悲愤之余，心中生出归隐的念头。

> 暮年不赋短长词，和得渊明数首诗。君自不归归甚易，今犹未足足何时。　　偷闲定向山中老，此意须教鹤辈知。闻道只今秋水上，故人曾榜北山移。（《瑞鹧鸪·京口有怀山中故人》）

其实，辛弃疾此时已经察觉到韩侂胄在北伐

一事上对自己的排挤。他心里明白，韩侂胄是怕自己抢了他这份居功至伟的业绩，妨碍他扬名千古。可是他北伐不是为了所谓的功名，完全是为了社稷，为了国家，为了自己的那份初心啊！难道自己做错了吗？

那年冬天，长时间被苦闷折磨的辛弃疾竟然病倒了，一连数日闭门谢客。直到病情好转一些，他才应友人邀请去连沧观散心。看到连沧观外，野草如幔，白鸟翱翔，辛弃疾又一次产生了思归之心。

> 声名少日畏人知，老去行藏与愿违。山草旧曾呼远志，故人今又寄当归。　何人可觅安心法？有客来观杜德机。却笑使君那得似：清江万顷白鸥飞！（《瑞鹧鸪·京口病中起登连沧观偶成》）

他出山的目的是“了却君王天下事”，可是如今却事事被阻挠，处处被干涉，只能徒然地在此蹉跎时光。他怎能不心寒？他怎能不思归？

> 胶胶扰扰几时休？一出山来不自由。秋水观中山月夜，停云堂下菊花秋。　随缘

道理应须会，过分功名莫强求。先去声自一身愁不了，那堪愁上更添愁。（《瑞鹧鸪》）

现在这个当世英豪竟然日日烦恼，夜夜忧愁，他在镇江遭遇到怎样的为难和不顺意，可想而知。

然而，更加卑劣的事情还将无情地扑向这位年迈的老人。

宋宁宗开禧元年（1205 年）三月，当南宋举国上下都在加紧备战之际，朝廷突然将矛头指向了正在镇江忙碌的辛弃疾。因为他举荐的一位官员犯了罪，作为推荐人的他需要承担“缪举”的责任。于是，辛弃疾被降职两级，由朝议大夫降为朝散大夫。

六月，朝廷下诏加强战备，让“内外诸军，秘为行军之计”。战争似乎一触即发。就在此时，朝廷又传来一纸调令，把辛弃疾改派为隆兴府知府，直接将他调离了战争前线。

辛弃疾彻底愤怒了，战争还未开始，就有人迫不及待地让自己下台。他不是为自己遭遇不公而生气，而是因为他经营镇江仅一年有余，各项备战计划都还在推进阶段，这时候把自己调离将导致之前的努力前功尽弃。这根本就是把北伐大事当儿戏！

可没等辛弃疾离开镇江，又有言官跳出来，以“好色、贪财、淫刑、聚敛”等罪名弹劾辛弃疾，朝廷于是就连隆兴府的新任命也撤回了。

不等罢官制书传来，辛弃疾就已经收拾行囊，准备返回瓢泉了。这一次，他的心被伤透了！他对所谓的北伐再不留恋了！所以，他要趁早离开。

> 江头一带斜阳树，总是六朝人住处。悠悠兴废不关心，惟有沙洲双白鹭。　　仙人矶下多风雨，好卸征帆留不住。直须抖擞尽尘埃，却趁新凉秋水去。（《玉楼春·乙丑京口奉祠西归，将至仙人矶》）

这一次，他也看透了韩侂胄之辈的真实嘴脸，对他们充满了不屑和嘲讽。然而，想到自己的理想和信念就此破灭，他的内心又满是悲哀：

> 江头日日打头风。憔悴归来邴曼容。郑贾正应求死鼠，叶公岂是好真龙。　　孰居无事陪犀首，未办求封遇万松。却笑千年曹孟德，梦中相对也龙钟。（《瑞鹧鸪·乙丑奉祠归，舟次余干赋》）

归乡路上，辛弃疾连续写了好几首词，来剖析自己的心路历程。为北伐之梦奔波了一生，时至今日，他终于如梦方醒。他说："老去浑身无着处，天教只住山林。"从此，他要真正地归隐山林，再也不想北伐的事情了。

开禧北伐　历史闹剧

公元 1205 年，宋宁宗改元开禧，取的是宋太祖"开宝"年号和宋真宗"天禧"的头尾两字，表示了南宋的恢复之志。韩侂胄出任平章军国重事，全面主持北伐。他下令各军密做准备，同时拿出朝廷封桩库（收存各种杂税收入以备急用的官库）的金钱做军需，以吴曦为西路主将，出汉中攻陕西，击金兵后背；以薛叔似为中路主将，出襄汉，目标指向洛阳；以邓友龙为东路主将，以两淮兵出山东。

开禧二年（1206 年）四月，南宋不宣而战。战事首先在淮河沿岸打响，宋军连克泗州（今江苏盱眙西北）、虹县（今河南泗县）、新息（今河南息县）、颍上（今安徽颍上西北）、褒信（今河南新蔡西）等州县，对金战争取得了初步的胜利。

消息传到临安，韩侂胄认为时机已到，宋宁宗遂于五月初七下诏伐金，对金战争全面展开，史称“开禧北伐”。

北伐诏下，群情激愤，举国充满恢复之气。但宋军只求速胜，军事准备十分不足，并且韩侂胄既没有练出一支精兵，又无出众的参谋，就连各路主帅也都没有堪担军国重事的能力。

先说东路军的战况。自大将毕再遇先声夺人，拿下泗州后，东路军在北伐战场上的好运就结束了。接下来负责攻击宿州的是郭倬、李汝翼、田俊迈。先说田俊迈，此人骁勇善战，一路势如破竹，连续攻克虹县、灵璧等地，只用 7 天，兵锋便直指重镇宿州。可惜所向披靡的田俊迈必须接受郭倬、李汝翼二人的节制。郭倬是东路副帅郭倪的弟弟，郭倪被后人戏称为“带汁孔明”，是个草包，而他弟弟郭倬则是草包中的草包。至于李汝翼，他跟郭倬半斤八两。

郭倬、李汝翼这一路人马足有八万之多，再加上田俊迈这样的勇将，按理说，他们拿下宿州并不困难。然而，郭倬竟然下令把营垒扎在了低洼地带。两淮一带的天气风云突变，一夜之间，北伐的东路大军全都被困在了泥水里。东路大军几乎成了待宰羔羊，而前来增援的女真骑兵，则展开了合围的态势。在这种情况下，郭倬、李汝翼无耻地出卖了田俊迈，求金人网开一面。可他们太天真了，他们前脚刚跑，金人的铁骑就从后面追了过来。幸而，这时候半路杀出个毕再遇，在他的勇敢阻击下，打退了金人的进攻。否则很难想象，这支部队最后能有几人幸存。

再说中路军。中路军副统帅皇甫斌带着一千多人就去偷袭唐州（今河南唐河），结果在半路被金人大败。而后，他命令部队集中兵力，猛攻蔡州（今河南汝南），结果再次被击败。

韩侂胄把希望全部寄托在西路军身上。然而，西线却传来大将吴曦叛变的消息。吴曦是定江军节度使吴挺之子，太傅吴璘之孙。吴氏三世帅蜀，曾引起有识之士的忧虑。直到绍熙四年（1193年），知枢密院事赵汝愚召吴曦入朝担任殿前司副都指挥，才夺了吴家军世袭的兵权。北伐之前，韩侂胄物色西线统帅，吴曦又成了副帅。事实上，在北伐之前，就有人提醒过韩侂胄，吴曦可能会叛乱，甚至建议彻底换掉四川的吴家。可惜韩侂胄还是亲手把吴曦送到四川。

吴曦叛变不但出卖了大散关，而且把阶（今甘肃武都）、成（今甘肃成县）、和（今甘肃西和）、凤（今陕西凤县）等关外四州也无偿赠送给了金人，导致宋军西线全面崩溃。

金军在解除西线后顾之忧后，以主力渡淮南下，攻至长江北岸。中路出唐、邓攻襄樊，西路全军分驻川陕边界。三路并进，连连攻陷南宋许多州县。面对接二连三的败仗，韩侂胄竟然无计可施，只能不断地临阵换将，以至于最后人心涣散，无人可用。

开禧三年（1207 年）正月，金方统帅仆散揆病死，左丞相宗浩接替其位，宣称将亲率大军攻打襄阳。韩侂胄得知消息后大为恐慌，忙派人到金军去谈判。这份差事，朝廷中谁也不愿去，选来选去，最后选中了萧山县丞方信孺作为南宋派出的谈判代表。方信孺不仅能言善辩，而且在金人面前威武不屈，金人责问他："为何前日兴兵今日求和?"方信孺不卑不亢回答："前日兴兵复仇为社稷，今日屈己求和为生灵。"金人折服于他的辩才，最后让他带回五款议和条件："割地、称臣、归战俘、罪首谋、增岁币。”

当方信孺汇报了割两淮、增岁币等金人提出的四项条件以后，变得欲言又止。韩侂胄问：“还有什么?”方信孺说：“我不敢说。”在韩侂胄的逼问之下，方信孺只得如实相告：“是要太师的人头。”韩侂胄听后大怒。多割一点地，多赔一点钱，韩侂胄是可以接受的，但要他人头是没有商量余地的。

既然谈判的条件不能接受，只得硬着头皮再打仗。韩侂胄撤了两淮宣抚使张岩的职务，任命赵淳为两淮置制使，负责镇守江淮。在这种形势下，朝廷中的主和派又形成了势力，礼部侍郎史弥远就是主要的代表。此时，礼部侍郎史弥远勾结宋宁宗皇后杨氏策划杀害韩侂胄。

开禧三年（1207 年）十一月，韩侂胄在上朝途中被殿帅夏震派出的将士挟持，杀死于玉津园中。韩侂胄被杀以后，史弥远立即派人把这一消息告诉了金国，并以此作为求和的砝码。随后，韩侂胄的首级被送往金国示众，金国答应议和。

嘉定元年（1208 年），南宋王朝与金朝签订了“嘉定和议”，南朝皇帝与金国皇帝的称谓由以前的侄叔改变为侄伯，比“隆兴和议”更为屈辱。

有意思的是，韩侂胄死后南宋将之斥为“奸臣”，金国人则欣赏他敬佩他，认为他“忠于其国，缪于其身”，还封他为忠缪侯。

请辞诏命　赍志以没

轰轰烈烈的开禧北伐在热闹中开始，在仓皇中落幕。作为历史的见证者，辛弃疾一直在远远地看着。他曾有心力挽狂澜，可是一次次充满恶意的排挤和贬黜，把他伤得体无完肤，让他痛得失去力气。最终，他只能眼睁睁看着北伐大计成为一场时代悲剧。

辛弃疾从镇江回来的第二年春天，也就是开禧二年年初，南宋朝廷曾再次起用他为绍兴知府、两浙东路安抚使，可是被他上疏辞掉了。

到了这年的腊月，金军对南宋进一步加强军事压力，韩侂胄感觉招架不住，便由负责督视江淮兵马的丘崈派人到金国军营求和。与此同时，病急乱投医的韩侂胄再次建议宁宗赵扩召辛弃疾回朝救援。赵扩当即允准，先晋辛弃疾为宝文阁待制，出知江陵府，结果辛弃疾依旧不理不睬。

韩侂胄以为辛弃疾嫌官小，就和赵扩商议后急召辛弃疾于次年正月入朝觐见，奏陈有关时局的意见。

皇上有诏，辛弃疾不得不出发前去临安面圣。在那样的情境下，我们很难想象辛弃疾是怀着一种怎样的心情，面见皇帝，面对韩侂胄。也许，他确实把一切都放下了。

那次召对具体谈了些什么，历史上没有留下任何记载。只是没过几天，皇帝就颁发了一道诏令：

> 朕念国事之方殷，慨人才之难得，外而镇临方面，欲藉于威望；内而论思禁列，将赖于讦谟。熟计重轻之所关，莫若挽留而自近。卿精忠自诩，白首不衰，扬历累朝，亶为旧德。周旋剧任，居有茂庸，建大纛以于蕃，趣介圭而入觐。虽戎阃正资于谋帅，而武部尤急于需贤。勉图厌难之勋，宜略好谦之牍，所辞宜不允。

皇帝在诏令中对辛弃疾不吝赞美，言辞恳切，请他来当兵部侍郎，要他好生准备对金国作战，可是辛弃疾已经再难像当初那般感动，那般动心了。他看得很清楚，朝廷之所以如此大方，是因为局势又变得不可控了。

确实，此时的韩侂胄急得如热锅上的蚂蚁。此前，为了挽救颓势，防止政敌再起，他已经掏了二十万贯家财充作军费，现在他又命人拿着亲笔书信和礼品前往金军大营求和。可金人却不依不饶，坚决要求大宋割地赔款，还得奉上挑起战争的“祸首”，否则就要继续攻打。韩侂胄被金人的要求气得暴跳如雷。所谓“祸首”，说的不就是他自己吗？于是他当即撕毁议和文件，再次下令全军备战。赵扩已经被打成了惊弓之鸟，如果再不做出什么有利的动作，韩侂胄真害怕皇帝会将他绑起来送给金国消气。这正是他要把辛弃疾留下来做兵部侍郎的原因。

然而，自北伐一事提上日程以来，辛弃疾曾经多次就北伐问题提出过自己的意见。可这三四年间，他说的话从未被重视过。在韩侂胄的左右下，朝廷对于他本人更是时用时弃，毫不尊重。如今，他们把事情搞到不可收拾的地步，却想以功名利禄为诱饵，让自己来帮他们收拾烂摊子。

辛弃疾对于韩侂胄之徒的意图完全了然于心，所以，当留他做兵部侍郎的诏命发布后，他对人说：“侂胄岂能用稼轩以立功名者乎？稼轩岂肯依侂胄以求富贵者乎？”意思是，韩侂胄既然不肯与我辛稼轩共立功业，我辛稼轩怎会依从韩侂胄的私心谋取富贵呢！于是，他一再上书请辞，终于把新任命辞掉，准备离开临安回家去了。

这时候的韩侂胄怎么舍得让辛弃疾离开呢？他赶紧奏请皇帝任命辛弃疾为龙图阁待制，掌管宫中道观，千方百计要把他留下。辛弃疾没法拒绝直接来自皇帝的品秩任命，暂时只好留在临安。

为了长久地留住辛弃疾，同年三月，韩侂胄上书恢复了辛弃疾的朝请大夫秩。七月，他上书又重升辛弃疾为朝议大夫。可是这些待遇和荣宠对于年近七十的辛弃疾来说，根本毫无吸引力。何况辛弃疾本就不是一个渴慕虚名浮利的人。此时此刻，再多的封赏都不过是朝廷的一厢情愿了。辛弃疾心心念念的都是他的期思村，他的瓢泉：

期思溪上日千回，樟木桥边酒数杯。人影不随流水去，醉颜重带少年来。　疏蝉响涩林逾静，冷蝶飞轻菊半开。不是长卿终

慢世，只缘多病又非才。（《瑞鹧鸪》）

于是，辛弃疾几次上书，请求皇帝让他回铅山瓢泉养病。赵扩实在想不出任何理由拒绝这个年近古稀的老人，只得放其离开。

回到铅山不久，辛弃疾就病倒了。也许是经年累月积攒了太多的病痛，也许是对人生真的感到心灰意冷，这一病比以往任何一次都严重。头脑清醒的时候，他总会不自觉地回忆自己这一生的过往：少时聆听祖父教诲，两次赴燕京搜集情报，青年时揭竿而起，斩杀义端，活捉张安国，而后渡江南归，从此在江南虚度了四十多年。他也会想起自己年少的好友党怀英，想起自己一生的知己陈亮，想起亦师亦友的朱熹、韩元吉，想起与自己命运相同的陆放翁……他终于了悟，繁华若梦，平淡才是真，于是他写下了生命中的最后一首词：

贤愚相去，算其间能几？差以毫厘缪千里。细思量义利，舜跖之分，孳孳者，等是鸡鸣而起。　味甘终易坏，岁晚还知，君子之交淡如水。一饷聚飞蚊，其响如雷；深自觉

昨非今是。羡安乐窝中泰和汤，更剧饮无过，半醺而已。（《洞仙歌·丁卯八月病中作》）

在辛弃疾重病期间，因金人向南宋索要韩侂胄的首级作为谈判条件，宋金之间再次进入剑拔弩张的阶段，走投无路的韩侂胄又一次要起用辛弃疾为他支撑危局。九月，朝廷发来一份枢密院都承旨的任命，要辛弃疾即刻上临安供职奏事。

看着装裱精致的任命书，躺在病床上的辛弃疾不禁悲从中来。从回归南宋的第一天开始，他就等待着枢密院的军权，好让自己有朝一日挥师北伐，恢复华夏。然而，当都承旨的任命书真正摆在眼前时，心中却没有喜悦，全是悲凉。任命来得太晚了，他已经老了，上不了战场，杀不了敌了！

辛弃疾将任命书原封不动地装好，请来使将任命书带回去，同时被带走的还有辛弃疾请求致仕归乡的奏疏。

来使走后的几天里，辛弃疾一直昏昏沉沉地躺着，时而醒时而睡。有一天，昏迷中的辛弃疾忽然听到一阵阵轰隆隆的声音，犹如千军万马呼啸而过。他的眼前狼烟滚滚，杀声震天，十万精兵正在与金军激烈交战。他仿佛变回到 23 岁的样子，身披铠甲，手握钢刀，正在与敌人厮杀。身前身后，旌旗猎猎，气势腾腾。

“杀贼！杀贼！”他高声疾呼着，然后永远停留在那个23岁的梦里了。

窗外雷电轰鸣，屋内哭作一团。那一天是开禧三年（1207）九月初十，一代英豪辛弃疾走完了他坎坷的一生，时年68岁。

身后英名　流芳百世

辛弃疾走了，他的故事却没有结束。

辛弃疾去世后被安葬于铅山县南十五里的阳原山。六十年后，在这里发生了一件离奇事件，为辛弃疾的故事留下一个神秘的尾声。

宋度宗咸淳三年（1267年），当朝史馆校勘谢枋得路过铅山，借住在一间寺庙里。入夜时，谢枋得耳边忽然传来一种若隐若现的声音，仿佛有人在怨愤地述说着什么。谢枋得吓得大惊失色，急忙唤来庙里的僧人问询，一问才知道附近有辛弃疾墓。而后，那声音是越来越大、越来越悲切，整个寺庙里的人都惊动了，以为是辛弃疾在显灵。谢枋得睡不着，点起蜡烛，写了一篇激昂慷慨的文章，为辛弃疾打抱不平，准备天亮以后去拜祭辛弃疾。神奇的是，他的这篇文章一写完，那个呼喊的声音就消失了。

这个故事在《宋史》和谢枋得的《祭辛稼轩先生墓记》里面都有记载。故事虽然离奇，但是人们却不会无缘无故地杜撰它出来，必然是想为辛弃疾打抱不平。

故事里的主人公谢枋得就为辛弃疾叫屈：

> 公精忠大义，不在张忠献、岳武穆下。一少年书生，不忘本朝，痛二圣之不归，闵八陵之不祀，哀中原子民之不行王化，结豪杰，志斩虏馘，挈中原还君父，公之志亦大矣。耿京孔死，公家比者无位，犹能擒张安国归之京师，有人心天理者闻此事莫不流涕。使公生于艺祖、太宗时，必旬日取宰相。入仕五十年，在朝不过老从官，在外不过江南一连帅。公没，西北忠义始绝望，大仇必不复，大耻必不雪，国势远在东晋下，五十年为宰相者皆不明君臣之大义，无责焉耳。

忠献是张浚的谥号，武穆是岳飞的谥号。谢

枋得将辛弃疾比作张浚、岳飞，可见他对辛弃疾是非常尊敬和仰慕的。同时，他也为辛弃疾仕途的不顺感到惋惜。像辛弃疾这样有勇有谋的忠义之士，在朝中只是个“从官”，即副职，如大理寺少卿，以及未上任的兵部侍郎等。在外，也不过是个帅臣。所以，谢枋得认为像辛弃疾这样的人才，如果放到宋太祖、宋太宗这样的开国皇帝手下，必定早早做了宰相。

南宋恭帝德祐元年（1275 年），谢枋得上疏给当朝皇帝赵㬎，请求追封辛弃疾。赵㬎感念辛弃疾一生忠诚奋勉，于是追赠其为“少师”，谥号“忠敏”。

辛弃疾这一生虽然未能如愿“了却君王天下事”，但他个人的精神品质、价值追求以及以生命创作的灿烂词作都已经为他“赢得身前身后名”。

辛弃疾文武兼备，经纶世务，是一位了不起的实干家。担任滁州知州期间，他用短短半年时间恢复了滁州生产发展；担任江西提点刑狱期间，他仅用三个月时间就平息了江西茶寇之乱；担任湖南安抚使期间，他用一年时间筹建了赫赫有名的湖南飞虎军；担任江西安抚使期间，他用八个字，拯救江西数万灾民，等等。他的智慧谋略曾被同时代人比喻为三国诸葛亮、汉朝时期的张良。如南宋词人刘宰就说：“待制（指辛弃疾）卷怀盖世之气，如圯下子房；剂量济时之策，若隆中诸葛。”

辛弃疾一生“以气节自负，以功业自许”，更是一个胸怀天下，不忘初心的爱国者。他为了反抗金人的统治，“壮岁旌旗拥万夫”，他为了抗金大业，献策《美芹十论》和《九议》，哪怕被南宋政权主和派排斥，屡遭调动和贬谪，甚至退居信州带湖、铅山二十年，都始终以国家社稷为重。一旦朝廷需要他，他就不计前嫌，不计个人得失，毫不犹豫地身膺重任，独当一面。他的博大的胸怀和担当的精神赢得了时人的真心敬仰和尊敬，如南宋学者黄榦曾说：“明公（指辛弃疾）以果毅之资，刚大之气，真一世之雄也，而抑遏摧伏，不使得以尽其才。一旦有警，拔起于山谷之间，而委之以方面之寄，明公不以久闲为念，不以家事为怀，单车就道，风采凛然，已足以折冲于千里之外。”就连清圣祖康熙也说：“君子观弃疾之事，不可谓宋无人矣，特患高宗不能驾驭之耳。

使其得周宣王、汉光武，其功业悉止是哉！”

当人们为辛弃疾波澜壮阔的一生感慨时，却又被他留下来的那些灿烂夺目的词作所吸引。辛弃疾流传下来的词作有 620 多首，是现存两宋词人中留存数量最多的一家。就其作品的内容和形式来说，题材之广阔、体裁之多样也是两宋词人中少有的。他用他的词作来抒情、咏物、说理、叙事，他通过写词来记录他的欢喜、他的忧愁、他的兴奋、他的悲哀，所以在他的作品中有的“委婉清丽”，有的“浓烈绵密”，有的“奋发激越”，有的“悲歌慷慨”，丰富多彩，世所罕见。

辛弃疾的词在南宋时期就深受人们喜爱，当时有很多词人模仿辛弃疾的词风和创作技巧。比如跟他有过交集的陈亮、陆游、姜夔、岳珂等，不管年长年幼，在词的创作上都受到他的影响。后世称他们为“辛派词人”。而在后辈词人中刘克庄、文天祥、汪元量、葛长庚、刘辰翁、吴潜、陈人杰等也继承了辛词传统，属于辛派词的传人。

辛弃疾的词作历来备受好评，后世还把辛词尊为“词坛飞将军”。清代评论家陈世焜说：“词至稼轩，纵横博大，痛快淋漓，风雨纷飞，鱼龙百变，真词坛飞将军也。”这段话的意思是，词发展到辛弃疾手里，气势纵横、境界博大，情感的抒发非常痛快，笔墨文采就像风雨纷飞、鱼龙百变一样层出不穷、变化多端，真是词坛的飞将军啊！

“飞将军”是汉代名将李广的绰号，他一生中跟匈奴大大小小打了七十多仗，声威远震，匈奴称之为“汉之飞将军”。那么，为什么说辛弃疾的词是“飞将军”呢？

因为词的世界本来是一个“女儿国”，内容都以男女情爱为主，风格上讲究含蓄委婉。这种情况一直到苏轼那里，才出现了一个明显的转变。苏轼以他开阔旷达的胸襟、超群绝伦的才气，把词当作诗来写，在词里面充分展示了文人士大夫的品格、情感，还有他的理想。比如，他的“大江东去，浪淘尽，千古风流人物”等词句，真的是改变了词原先的那种涂脂抹粉、柔媚婉转的女性气质。不过苏轼这一类的词，数量并不是很多。在苏轼之后的很长一段时间里，词坛上基本的状态还是婉约的浅斟低唱压倒了豪放的慷慨悲歌。

这时候，辛弃疾来了。辛弃疾和苏轼最大的

不同是，“东坡是衣冠伟人，稼轩则弓刀游侠”。（清·谭献《谭评词辨》）也就是说，苏轼是文人士大夫，他的词在挣脱了“南女相思”这个传统题材的束缚之后，尽情展示的是文人士大夫的情趣；辛弃疾虽然也是读书人，但是他身上具有尚武的精神，他的理想是要做将军，带着千军万马北伐抗金，收复中原，所以辛词呈现出来的就是一个慷慨豪迈的将军形象，展现的是英雄的豪情和本色。

比如，他把牡丹花看作吴国宫殿里刚刚接受军事训练的女兵，“对花何似，似吴宫初教，翠围红阵”；他把连绵起伏的群山看作是奔腾的战马，“叠嶂西驰，万马回旋，众山欲东”；他把山上的松树看作是列队等待检阅的士兵，“老合投闲，天教多事，检校长身十万松”。总之，他的大部分词作里都有这样一种刚劲的力量，一种军人的气概，将他的词称作“飞将军”也是非常确切的。

也许，有人会说，“词坛飞将军”这个称号或者更像是辛弃疾悲剧一生的证明。因为每一首词里都写着他的遗憾和不甘，都写着他的壮志未酬。

是的，历史中的辛弃疾永远不可能再去完成

他未竟的英雄事业了。但是文学中的辛弃疾却会永远以“词坛飞将军”的形象，去征服一代又一代读者的心灵。

或许，这足以告慰那个伟大而孤独的灵魂。

或许，这恰是辛弃疾的另一种成功。